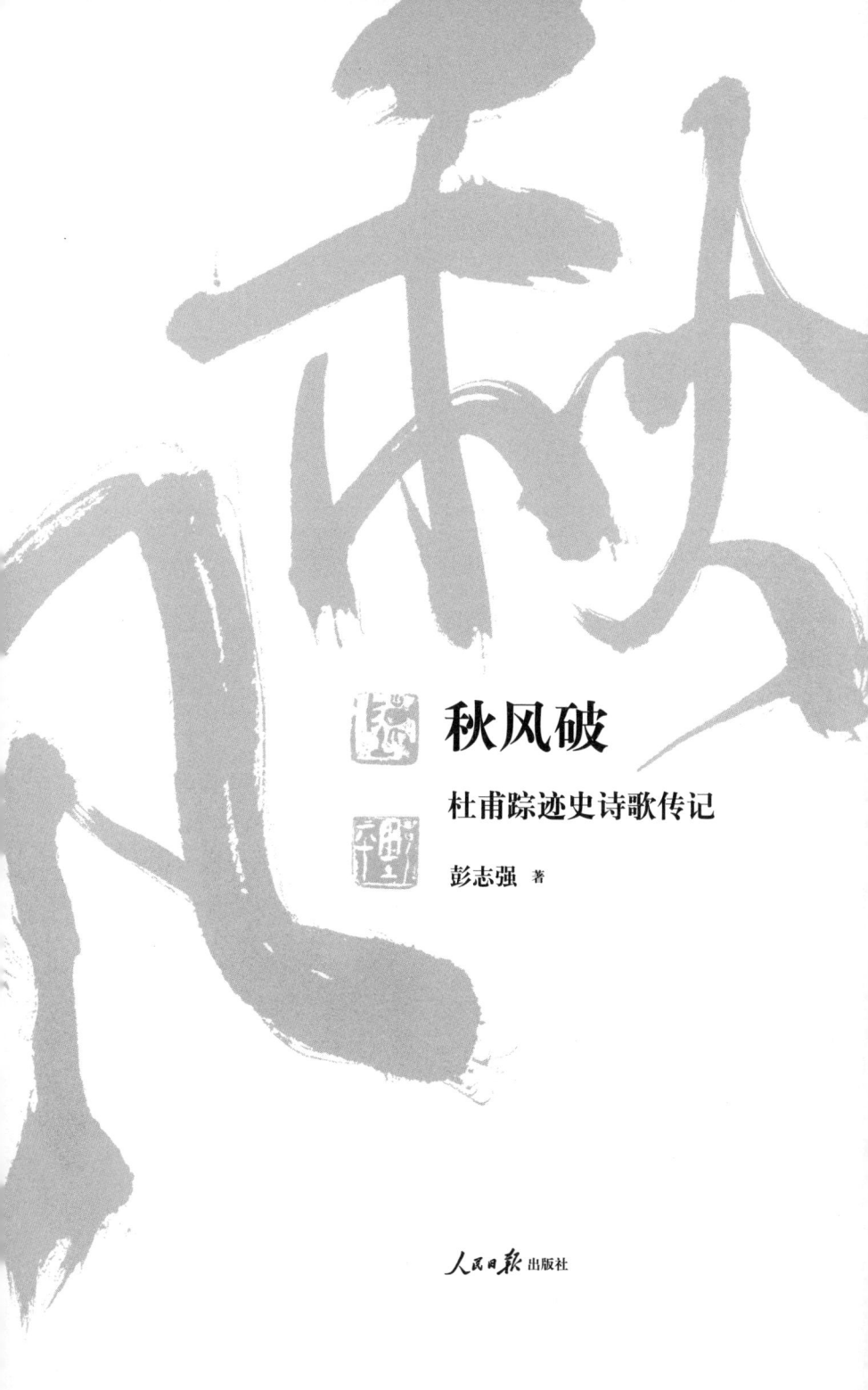

秋风破

杜甫踪迹史诗歌传记

彭志强 著

人民日报出版社

序一

老杜茅屋顶上一棵草所化乎？
——读彭志强诗集《秋风破》

◎ 李敬泽

想起了杜甫，血就热了，心就凉了。李白是夏天，王维是春天，冬天的诗人是晶莹坚脆的李义山，而杜甫，他是秋日苍茫大地。

中华美学之正脉在杜甫，杜甫独占一清秋。读杜集，感觉他主要是在秋天写诗的，便是"城春草木深"，其实也是秋意。

秋是将老而未老，是繁华极尽叶落霜白，是向死而生，是心犹壮而病欲疏，是飒然与深悲，是万里作客百年多病，是一切破而强自宽……

杜甫千年之下，有志强君重走杜甫之路——这才知，杜甫果然是行了万里路，他不是书斋里的诗人，他在路上，他的诗写在浩大人群，写于鸿雁振翅、秋水扬波。

所以，人间、天地皆在杜诗。

志强君，蜀人也。少学诗，长为记者，再长复写诗。杜甫

《闻官军收河南河北》，"忽传"和"初闻"，正是"新闻"；志强以新闻人而为诗人，知人间消息，欲得天地之心，遂积数年之功，仆仆于道上，杜甫走到哪里志强走到哪里，追杜之迹，披杜之风，兴来尽欢与杜畅饮，披襟袒怀与杜长谈，得杜心为心，得杜骨为骨。如此而成《秋风破》。

《秋风破》成，而有读者叹曰：此为新诗，异代不同时也，而深得老杜之秋兴秋意。所谓新闻，乃人间之凉热、之悲欢，所谓秋兴，乃天地寥廓、此生萧索。以热眼看苍茫，以寥廓亲众生，千年之上，志强君曾为戏于草堂溪边一童子乎？或为老杜茅屋顶上一棵草所化乎？

2017年7月19日上午，于北京

（作者系著名散文家、评论家、中国作家协会副主席）

> 序二

他是杜甫诗中的一截骨头
——彭志强诗集《秋风破》读后

◎ 雷平阳

一次,在一所大学做演讲,偌大的阶梯教室,来了不少的"90后"学生。按照主办方的意思,我演讲的主题是现代汉语诗歌写作与现实生活之间的关系。但我临时决定放弃这个主题,即兴讲一讲我阅读经验中的杜甫及其诗歌,因为我觉得用杜甫来诠释"现实"与"诗歌",可能更有说服力,也可以尽量减少我之于现实的悲愤和忧患。可当我说出自己演讲的方向,不少学生选择了离开,很显然,他们对这个遥远的话题没有兴趣,他们没有意识到,无论是现代诗还是古典诗,他们面对的都是同一个现实,而我在演讲中动用杜甫并放弃自己,说明我想说出现实主义的无边性,想说出远高于个人审美的诗歌的沉郁与绝望。

我已经习惯了在少数人面前"自焚"。演讲开始,我说,读杜甫的诗歌让我明白,人的身体上有两样东西永远是白的:骨头和头发。没有人统计过，在一本《杜工部全集》里，杜甫到底使用了多少次"白骨"与"白发"这两个词。轻描淡写地说，当他看见了现实生活中遍野的"白骨"，他的骨头也有了那些白骨的命运，他的诗稿上也堆满了白骨，而他的头发，也因此被骨灰染白了。谁不想像李白和王维那么写诗？谁不想优雅、高贵、追求语言的音韵之美？杜甫并不缺少这方面的才华与想象力，但他选择了诗歌的现场，于现实中写出了"诗歌的现实"。整个演讲，我都处于失控状态，以疯狂的方式向杜甫致敬。

蜀地诗人彭志强这两年自费重走了杜甫从生到死走过的路，给我寄来他的诗集《秋风破》，嘱我作序。当我写好序评之后，他又开始自驾，把杜甫一生走过的路再走一遍，说是对之前的诗歌文本不满意，要重写。这种行走考察创作诗歌的行为和精神让我感动。我把两次系统阅读彭志强诗集《秋风破》中这些诗歌视为我今年的一件苦差,他根据杜甫诗歌的时间史和心灵史,重绘了一张颠沛流离、国破家亡的诗歌地图,并将史实、诗情、考察见闻、研究心得和杜甫的生活境况结合在一起,以现代人和现代诗的视角与方式,展开了一次令人心惊肉跳的灵魂独白。诗中的"我",在杜甫的诗中,在杜甫足迹所到之处,仿佛是杜甫的影子,却又在一千三百多年后仍然保留着杜甫的热血与体温。登高望远时,"我"是那个一览众山小的青年才俊;贫病交加时,"我"是那个鸡骨支床的怀乡病患者;家园离乱时,"我"是哭号泣血的亡命徒。彭志强泪是杜甫泪,彭志强骨是杜甫骨,彭志强冲天而起的豪情亦是杜甫的豪情,甚至这用现代汉语写就的彭志强的诗歌,也让我觉得它们是杜甫坟头上的青草,是杜甫茅屋上被秋风吹入天空的乱茅。它们咏叹、追问、伤怀,于现世中追讨旧债,于旧世中挖掘新厄,今亦古,古亦今,在同一条流亡路上,走着不同时代的流亡者。"在玉垒山,头上三分之一的白发/比我更着急,亲近你额头/上面春风雕刻的皱纹。"彭志强的头发也该白了,其心上头发似乎早已经白尽。

二十四岁。我刚刚在一张报纸上打铁
一样敲打文字的刀锋
拿捏火的尖锐与水的平和
你就把词语之剑插入云端
挟泰山的巍峨
以令众山鞠躬

————《在泰山：词筑山峰》

这三年，反复用你的古诗生育
我的新诗。被鞋走破的路
只有一条，贯穿着
你的生与死

我丈量过生与死的秘密
距离，只有14.4公里

————《在笔架山：育新诗》

说谎者内心的陡峭
在你诗句里,越走越远

来得太迟了
与你相逢对酒吟诗,只能是桃花
满地的桃花正是我错过的春天
　　　　——《在玉垒山:春风扫》

如此的致敬之语,让我想起了唐代的另一个诗人张籍,他把杜工部诗稿烧成灰,拌在饭里果腹。走了一遍杜甫路,对诗稿不满意,彭志强又全部放弃,重新出发再走一遍,二度考察创作。这样的"致敬",不仅是对诗圣杜甫的致敬,也是对大地和诗歌的致敬。

"从不相信灵魂脱窍的我围着墓园刚走一半/墓上树丛,一只巨大的鸟冲天一跃/我的思路瞬间被这尖锐的鸟鸣锯断//未来的我与过去的我,从此各奔前程/时间,就只是受惊的一秒/会凝固……诗回答不了的问题,歌也回答不了/比如眼里的闪电为何那么碰巧就击中了/我和鸟相互不安的飞翔。"一路上，彭志强在杜甫的影子里写诗，魂魄自然也跟着杜甫走了。从成都到绵州、利州、梁州、长安、华州、潼关、新安、邺城、孟州、洛阳、偃师、巩县、鄜城、岳州、潭州、夔州、忠州、阆州、梓州、兴州、凤州、同谷、成州、秦州、延州、鄜州、邠州、凤翔、泰山、兖州……这些陌生的唐朝地名，在彭志强的诗歌中，照亮的不仅是杜甫走过的路，也是他在杜甫路上重新走出的一条诗歌之路。

纵观彭志强《秋风破》九九八十一首气韵连贯的新诗，如同观赏一件笔断意连的书法长卷，几乎每一首诗都能找到杜甫的烙印，贯穿着杜甫的生与死、爱与恨、笑与哭。其中，他的大多新诗初看是从杜甫的古诗生育而出，但这不是翻译，而是长出了自己新鲜的骨肉，有着属于自己的叙事和抒情语言。"如今的秋风遇水而凉，我因此爱上黄酒/配蟹黄，呼话梅，唤生姜/邀三五挚友分享。无非是想/捂热你的诗句，返回语言的故乡。"回望历史，重塑历史，更难得的是他返回唐朝诗歌语言的故乡，返回历史的某个时间节点，还深深插入自己的现实遭遇和当代思考。类似这样表达现实生活的悲喜，与杜甫的生平踪迹、起伏情感可以说遥相呼应，互为果因。

在这里，我想顺便谈谈一个诗人的标识性。彭志强从2014年复出写诗至今，他的成都文博地理诗歌三部曲（《金沙物语》《草堂物语》《武侯物语》），这几年每出一部都引起了不小的关注度，他用诗歌让文物开口说话，他用诗歌打捞古蜀文明、传承天府文化，有了"文物诗人"的独特标识性。写成都，写成都的博物馆，写成都的金沙、武侯祠、杜甫草堂、永陵博物馆等几家有着深厚历史文化底蕴的博物馆文物，彭志强的文物诗歌无疑是诗歌中的另类，别开生面。当然，他的诗歌立足成都，又不局限于成都。在彭志强对杜甫及其诗歌的五年研究中，他用四五千行新诗向诗圣杜甫致敬，可谓一个诗坛壮举。记得在2015年底，他把《秋风破》初稿（包含后来在长江文艺出版社出版的《草堂物语》）发给我，看完后，我就建议他把《秋风破》和《草堂物语》拆分，各自单独出版。虽然拆分后的两本诗集都是向杜甫致敬，但是侧重点不同，学术价值也不同。《草堂物语》，更多是通过杜甫草堂的地下地上文物生发诗意，而《秋风破》的诗歌文本价值更高，更重要的是此书堪称杜甫踪迹的诗歌传记。作为诗人，每个人都或多或少参观过杜甫遗留下来的遗迹，但是把杜甫从生到死的遗迹走遍，并且不止一次田野考察，还极其用心地创作一部致敬杜甫的诗集，这在国内国外都尚属首次。杜甫及其诗歌，指引着彭志强完成了从"文物诗人"，到"中国系统性行走考察杜甫踪迹第一人"的蜕变。

有人定义，彭志强是书写杜甫诗歌的战士。突然想起序文开头提到的那一场大学演讲里，我还说过一句话："我是杜甫诗歌中的一截骨头变成的诗人。"我想，彭志强也是这样的诗人。"渺小的雨，也有骨骼。"他在诗中说："命运已经命令，我是你的肋骨上/长出的诗人。"我喜欢这样的句子，也乐意为几易诗稿致敬杜甫的他帮衬一些文字，期望他的诗歌之路能走得更远，更好。

曾经跟彭志强说过这么一句话："如果什么时候在杜甫走过的路上，我们遇上了，一定要彼此敲打一下对方，看肉身上是否有带铜的声音传出。"我期待着那一场奇遇，也愿这部诗集的出版为我们带来奇遇。

二〇一七年夏，昆明

(作者系著名诗人、云南省作家协会副主席、鲁迅文学奖诗歌奖得主)

杜甫踪迹史诗歌传记

丁酉夏 欧阳江河

欧阳江河 题写

秋風破

欧阳江河

目录

在巩义
2 掐乡愁

在笔架山
4 育新诗

在郾城
6 河扭弯腰

在奉先寺
8 手敲信仰

在龙门
10 倒立行走

在泰山
12 词筑山峰

在偃师
14 魂脱窍

| 在石门 嘴边驴马

| 在历下亭 读破书卷

| 在咸阳桥 纸上锄草

| 在南山 脸贴寒风

| 在长安 脚底长安

| 在大雁塔 秋风令

| 在曲江 丽人帖

| 在长安 画杜甫

在骊山	在鄜州
32 向日葵	34 天乳

在杜公祠	在长安
36 爬坡水	38 咏叹调

在凤翔	在凤翔
40 云逃窜	42 杯盏间

在邠州	在彭衙
44 寻虎啸	46 逃难月

| 在唐城墙遗址 | 在洛阳 |
| 48 铁发芽 | 50 寻刀记 |

| 在新安 | 在石壕 |
| 52 挖煤的人 | 54 磨刀的人 |

| 在潼关 | 在河阳 |
| 56 筑城的人 | 58 阳光骗子 |

| 在河阳桥 | 在邺城 |
| 60 落叶返乡 | 62 患病幻象 |

在秦州	在东柯谷
64　出塞的云	66　望穿秋水

在秦州	在秦州
68　梦杜甫	70　想家书

在柳家河	在同谷
72　乱阵脚	74　雾未散

在栗亭	在少陵钓台
76　听雨	78　双河口

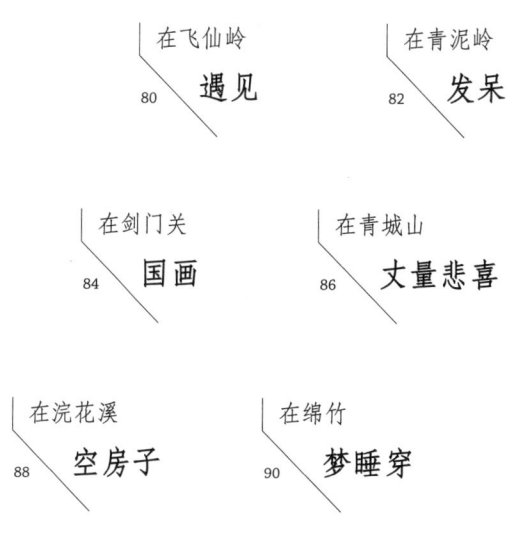

在飞仙岭
80 遇见

在青泥岭
82 发呆

在剑门关
84 国画

在青城山
86 丈量悲喜

在浣花溪
88 空房子

在绵竹
90 梦睡穿

在唐代遗址
92 烧痛的土

在茅屋
94 字苍老

在柴门
96 学拐弯

在武侯祠
98 智慧树

在浣花溪
100 念经的草

在江村
102 和流水下棋

在草堂
104 拔草

在成都
106 新春夜喜雨

在石笋街
108 笋子胎记

在九眼桥
110 河憔悴

在草堂	
112	喝酒记

在草堂	
114	云唱歌

在茅屋	
116	秋风破

在百花潭	
118	生病的鱼

在太白祠	
120	风都是雨

在玄武观	
122	想春风

在金华山	
124	回到身体里的故乡

在梓州	
126	押运眼泪

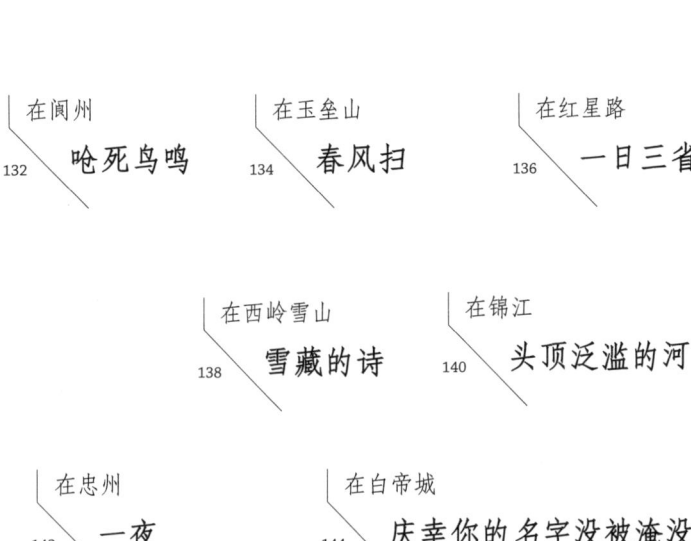

| 在牛头山 | |
| 128 | 春风辞 |

| 在滕王阁 | |
| 130 | 送秋风 |

| 在阆州 | |
| 132 | 呛死鸟鸣 |

| 在玉垒山 | |
| 134 | 春风扫 |

| 在红星路 | |
| 136 | 一日三省 |

| 在西岭雪山 | |
| 138 | 雪藏的诗 |

| 在锦江 | |
| 140 | 头顶泛滥的河 |

| 在忠州 | |
| 142 | 一夜 |

| 在白帝城 | |
| 144 | 庆幸你的名字没被淹没 |

在草堂中学
146　幸存者

在夔州
148　号角里的银河

在杜甫果园遗址
150　摘橘的人

在洞庭湖
152　纸上船只

在杜甫江阁
154　耳里落花

在怀甫亭
156　知音

在平江
158　无迹之舟

在平江
160　守墓的人

在邙山岭
162　祭杜甫

浦云摠入四句一見救守有成
致一見助守有聲援岐在延西
高且得力况延州尤緊形勝而
當賊衝者乎

函蓋虛爾延州泰北户關防猶可倚焉得一萬人疾
驅塞蘆子岐（一作頃）有薛大夫夯制山賊起近聞昆戎
徒爲退三百里蘆關桅雨寇深意實在此誰能敢（晉作）
叫帝閽門（陳作胡）行速如鬼

彭衙行

憶昔避賊初北走經險艱夜深彭衙道（一作門）月照白
水山盡室久徒步逢人多厚顏參差谷鳥吟（一作鳴）不
見遊子還癡女饑咬我啼畏虎狼（一作猛虎）聞懷中掩其

子美一飯之德不
忘自庶於厚真詩
也朴茁极枒僅
寒肴之類也

張云爲人所不能爲處真
極朴極示趣極祖仕公吾

此帖翟者當
比物用意均
朴首橋朴僅

蔣云興前子雖四句呼應唱
歎怒氣氣容欬欬并下

末敘臨別題卷之情

申昆盟云凄風二句競君子
處亂世可危

見壽兒裘晉作漢兵吹角向月窟蒼山一作旌旆愁
鳥驚出死樹龍怒拔老湫古來無人境今代橫戈矛
傷哉文儒士憤激馳林丘中原正格闊後會何緣由
百年賦命定豈料沈與浮且復戀良友握手步道周
論兵遶壑淨亦可縱冥搜題詩得秀句札翰時相投

塞蘆子

五城何迢迢迢迢隔河水邊兵盡東征城內空荊杞
思明割懷衛秀巖西未已迴一作略大荒來東一作崤

在巩义掐乡愁

景云三年·712年·正月初一

杜甫在河南巩义县出生。于710年七月再即皇帝位的唐睿宗李旦改元景云。景云三年（712年）正月己丑，改元太极。太极元年五月辛巳，改元延和，同年八月庚子，太子李隆基登基，为唐玄宗，后多次改元，用时最长的年号为"开元"。因此，有史料说，杜甫生于延和元年。按照学界普遍认为正月初一为杜甫生日的考证，那么杜甫出生对应的皇帝年号应为景云三年。因杜甫出生后不久，母亲去世，父亲杜闲又于开元五年（717年）就任离巩义200公里外的郾城尉，时年5岁的杜甫尚未写诗。巩义市（原巩县）因此遗憾无杜甫在此创作的诗。不过，乾元二年（759年）秋，杜甫流寓秦州（今甘肃天水）作诗《月夜忆舍弟》，给故乡巩义留下流传千古的怀乡佳句："露从今夜白，月是故乡明。"

分与分之间，秒与秒之间，都有缝隙

可以插入致敬这个词

千里驱车从成都抵达一个梦

在巩义。车灯打向杜甫故里，露

就从今夜白了，我想象里增生的时间

浓墨灌满天空，明月藏身诗里

你知道过去的乡愁是蓝色，如今变黑

你不知道黑得多么不像话

一个转身，一根低头的草

便能掐掉堂前，你的乡，我的愁

山河破在你的句子里

我改变不了

通往杜甫故里纪念馆两旁的树

是新制的别针。它们的观念却很陈旧

死死别住很多人的回家路

即使杜甫起身提笔，所到之处都是

宣纸生病，文字吃药

因为太多人用沉默

摇昏了头晃坏了脑

耳边，考古学家又一次提醒我

地下两米就是姓唐名代字子美的土层

挖土机轰鸣，深挖走了我们

遥远的记忆

只有脱群的孤雁

送来戍楼更鼓声。它在黄叶深处

鸣叫，比黄河更黄的水

静悄悄淹没

春天的奏折

2016年·秋冬之交
·某个深夜

我开车来到巩义。没有着急找酒店，而是从巩义市区驱车直达杜甫故里纪念馆，当地朋友笑我选的时机不对，完全是挺进雾区。越接近目的地，通往杜甫诞生地公路两旁的树，在灯光中却越来越模糊。夜里作业的挖土机，让我深感泥土和记忆都被挖走了。我久久地驻留在杜甫故里纪念馆大门外，抽烟，缓减长途自驾的疲惫，又不想过早睡去，就幻想着来一场大风把雾霾刮走，让我看清这个杜甫诞生地的真面目。

为你朗读

朗读者：张瑞
影视演员

在笔架山

景云三年·712年

一代诗圣杜甫在河南巩义笔架山下一孔窑洞中诞生。如今坐落于巩义市站街镇南瑶湾村,前临界泗河。笔架山乃邙山岭遗脉,三峰挺立,中峰凸出,形若笔架,故而得名。这孔杜甫诞生窑,窑高3.5米,窑宽3.3米,窑深16.7米,周围栽种有巩义的梅树。大历二年(767年),杜甫在夔州(今重庆奉节)送朋友孟仓曹赴东都洛阳,想起家乡的山川与梅花,作诗《送孟十二仓曹赴东京选》:"秋风楚竹冷,夜雪巩梅香。"

育新诗

很多人在这里诞生,又死去。家谱

翻着翻着

一个又一个名字,随纸化泥

在笔架山,开门能见山,却不见笔

任何一粒灰尘停下来

都不适合书写

我与你在不同时代的跌跌撞撞

没有了狗吠,没有了炊烟

在我面前的杜甫诞生窑

不过是青砖堆砌的坟，和时间作对的人
掏空的坟

尽管有很多阳光
从拳头里漏出来，我依然握不住
穿堂而过的秋风，与迎面闯来的梅香

这三年，反复用你的古诗生育
我的新诗。被鞋走破的路
只有一条，贯穿着
你的生与死

我丈量过生与死的秘密
距离，只有14.4公里

在笔架山，欢喜和悲伤都会腐烂
除了你用明月给故乡造的梦
白露、孤单、热闹……这些
都能弹指可破

2016年·秋冬之交

来到巩义次日，喜逢艳阳天，我参观了杜甫故里纪念馆。尽管占地面积很大，最吸引我的只有笔架山，以及笔架山下的杜甫诞生窑。在这个青砖窑洞里，我停留了整整一个小时，试图发掘一些杜甫诗句里忽略的事物。比如杜甫生与死的距离，从杜甫诞生窑到邙山杜甫墓（杜甫最后的遗骨处），我驱车丈量过：14.4公里。当然，从杜甫出生的巩义，到杜甫去世后的第一个埋葬地（坐落于湖南平江县小田村），距离是816公里。

为你朗读

朗读者：李佳明
中央电视台主持人

在郾城

开元五年·717年

杜甫随家人寄居郾城(今河南省漯河市),得缘看过一次公孙大娘的剑器浑脱舞,第二年(7岁)起始学诗。大历元年(766年),杜甫卧病夔州作诗《壮游》:"七龄思即壮,开口咏凤凰。" 767年秋,杜甫在夔州别驾元持宅中见到公孙大娘弟子李十二娘舞"剑器",勾起童年记忆,作《观公孙大娘弟子舞剑器行》:"昔有佳人公孙氏,一舞剑器动四方。观者如山色沮丧,天地为之久低昂。"公孙大娘,杜甫童年时期的偶像,唐玄宗时代的舞蹈家,擅长武舞《剑器浑脱》。杜甫《观公孙大娘弟子舞剑器行》并序:"昔者吴人张旭,善草书书帖,数常于邺县见公孙大娘舞西河剑器,自此草书长进,豪荡感激,即公孙可知矣。"

河扭弯腰

在郾城,把爱捏出水,这水就洞穿了彼岸寺
石碑上隐藏的秘密

我一走神,指鹿为马的人终于有了白马
或者黑马可以指认

比如面前这个巨大的"舞"字
在秋风中,闻风而动

同样走神的你,还有舞剑的公孙大娘
都在我虚设的场景里,一一闯入

剑在她手上,也在你我心中。弹指间
冷艳,从她额头弹出来

你的笔画着惊讶,不相信灵魂困在剑气里
不相信拴在树上的缰绳拴不住马的嘶鸣

最后你相信了那曲《剑器浑脱》
有杀气,因为方圆十里的河都扭弯了腰

你开口咏出的凤凰,成了我一生
需要破解的方程式

沿着沙河追踪到这里,从流水开始
从死水结局

缓过神来,我才发现你走过的土地
是因为种下太多的诗歌,才肥沃

2016年·秋

沿着漯河市的沙河,开车抵达郾城区实验中学。父亲有些疲惫,留在车上打盹,我径直闯进校园里的彼岸寺,这个因杜甫观看公孙大娘剑器浑脱舞而开窍吟诗的古迹,目前已是全国重点文物保护单位。只是和幻想的场景不同。至少,应该有一条古街从现实贯通历史。另一个意外则是,我在这里停留了三个多小时,中途竟然没有一个师生走进来,或许他们对公孙大娘以及杜甫在此的故事早已烂熟于心。

为你朗读

朗读者:李佳明
中央电视台主持人

在奉先寺

开元二十四年·736年

杜甫夜宿洛阳奉先寺作《游龙门奉先寺》:"已从招提游,更宿招提境。阴壑生虚籁,月林散清影。天阙象纬逼,云卧衣裳冷。欲觉闻晨钟,令人发深省。"龙门,为我国四大石窟之一,在今河南洛阳市南约25里处,开凿于北魏孝文帝太和十八年(494年)迁都洛阳前后。奉先寺,据《奉先寺佛龛记》载:唐高宗咸亨三年(672年)四月,武则天助脂粉钱二万贯,敕建卢舍那大佛像,上元二年十二月成,调露元年(679年)八月,敕于大像南置大奉先寺,二年,高宗书额。

手敲信仰

在洛阳奉先寺,月光和花

满城遍织一个女人的欢笑。我的沉默

在此堆积成山

手持花香的人

刚走一步,整个山谷

便传来树叶的呼噜声

秋风,以前是晨钟,此刻是暮鼓

从奉先寺大门敲响

我的信仰,不是高昂的门票,而是剪影
漏掉的大唐

当它敲响这片丛林,昏昏欲睡的失败者
会先惊醒莲花洞
蚀骨侵肌的梦

木头上的鱼,还在坚持诵读经卷
排出体内多余的杂念
在一炷香中游弋

火,在下跪
诗,在朝圣

从此岸到彼岸,所谓的成功者
不过是先抓住信仰的尾巴

停在河心的船,正是随风消散的人
给我虚构的盛宴

2016年·秋

在一个雨夜抵达洛阳,在奉先寺附近找了一家宾馆入住。和同行的父亲酒足饭饱之后,雨歇,月亮从天空露出来,我几乎是背诵着杜甫诗歌夜游了奉先寺。联想到杜甫最早来成都客居的草堂寺,他和高适问答诗交流的佛学,洛阳之行,我必须来这里看看,杜甫当年夜宿的洛阳奉先寺。杜甫从小在洛阳姑妈家寄养,一直住到天宝元年(742年)姑妈去世。其姑妈经考是虔诚的佛教徒,我以为,杜甫的佛学思想,首先来自姑妈的耳濡目染,然后是在洛阳奉先寺升华。杜甫一生创作与佛教有关的诗大约50首。

为你朗读

朗读者:陈宥维
影视演员

在龙门

开元二十四年·736年

杜甫在洛阳二度游历龙门作《龙门》:"龙门横野断,驿树出城来。气色皇居近,金银佛寺开。往来时屡改,川陆日悠哉!相阅征途上,生涯尽几回?"此诗创作时间不详,仇兆鳌据"往来时屡改"定此诗"再游龙门而作也"。龙门,指龙门山,连跨数郡,此诗当指唐朝东京(洛阳)而言。

倒立行走

水从低处跑回源头,逆返深山

树从城墙走出驿道,顺从人意

在龙门,流云总是拿捏不准

人,安静的方向

月光倒在门外

倒立行走的人,是你

折断翅膀踏入佛门,似倦鸟

手执刀剑退还佛缘,如僧人

颠倒黑白

我眼里流动的时间，恍若
一只在自由世界往返的船
向东，回到过去
向西，赶往未来

可是过去和未来，都密布可怕的色彩
要么苍白如水
要么漆黑如铁

我还是喜欢理想的绳索松开
绑在原处的自己，看星星
把天空织成珍珠密集的夜布
如同一只河蚌，敞开的心
不动声色
自有光亮

2016年·秋

来到洛阳次日，我再次游览了龙门。浓重的雾霾，给这个唐朝东京之地密布了神秘色彩。五米之内，人且看不清楚，风景自然是碎片。其实，我对洛阳神来已久。早些年有一部热播电视剧《神探狄仁杰》，多次展现洛阳的风土人情，令我向往已久。此次因为追踪杜甫路，来到洛阳，这个第一次让我对历史有一种强烈的断裂感。

为你朗读

朗读者：赵茜
影视演员

在泰山

开元二十四年·736年

杜甫从洛阳赴山东兖州探望父亲杜闲（时任兖州司马），第一次漫游齐赵期间登顶东岳泰山，作《望岳》："岱宗夫如何？齐鲁青未了。造化钟神秀，阴阳割昏晓。荡胸生层云，决眦入归鸟。会当凌绝顶，一览众山小。"此诗是杜甫"裘马颇清狂"的漫游生活缩影。杜甫的《望岳》诗，共有三首，分咏东岳泰山、南岳衡山、西岳华山。

词筑山峰

凉风灌满沟壑。热词爬上咽喉

说不出口

仿佛灵魂在缝合

支离破碎的身影

二十四岁。我刚刚在一张报纸上打铁

一样敲打文字的刀锋

拿捏火的尖锐与水的平和

你就把词语之剑插入云端

挟泰山的巍峨

以令众山鞠躬

词语构筑的山峰,闪耀在头顶
不用担心大雪覆盖
它的虚妄。悬崖边的巨石
千年之后还在暗涌,你的呼喊

踩入你的韵脚,不必登山了
山的阴阳
云的雌雄
鸟的归路
都在诗句的丛林深处,一望便来

很多个我和一个个我
已经习惯荒芜头顶的山峰
才发现:人未老,山已空

2015年·秋

我登顶山东泰山,秋风微凉,还有云海。遥想杜甫24岁就写出"会当凌绝顶,一览众山小"这样的名句,自己24岁却毅然放弃写作,成为一个为生存折腰的新闻人。如今归来写诗,发现自己的文学梦,已是白发里长出的刺目阳光。显然,相对四川和西藏动辄七八千米的高山而言,泰山就是那够小的"众山"了。只是因为杜甫的《望岳》流传千古,泰山似乎又要高于群山几分。其实,山不在高,有仙则名。遥想德令哈那座荒凉之城,不就是海子一首佳作《日记》(又名《姐姐,今夜我在德令哈》)而让它变成旅游热城吗?由此看来,一首好诗,足够好,不仅可以改变一个人的命运,也可以改变一座山的命运。比如泰山,巍峨至今。比如杜甫,这首《望岳》应当受到李白的影响而显得大气磅礴。我相信这次泰山之行后的杜甫,能够以诗索竹、要碗、蹭饭,应是《望岳》一开始就名气太大,让杜甫在唐朝步入一流诗人之列。

为你朗读

朗读者:崔志刚
中央电视台新闻主播

在偃师

天宝元年·742年

杜甫在偃师首阳山下客居,直到13年后移居长安,逝世43年后从湖南岳阳平江县小田村迁葬于偃师。此杜甫墓,坐落于首阳山下前杜楼村和后杜楼之间的偃师城关三中后园。始建于唐宪宗元和八年(813年),由杜甫孙子杜嗣业把杜甫灵柩从岳阳迁葬于此,历代多有毁损和重修。现存坟茔为清乾隆五十五年重修。杜甫远祖杜预、祖父杜审言的坟墓,也坐落于城关三中后园,后人敬称"三杜圣地"。杜甫曾在土室落成之后,写了一篇颂扬远祖杜预的文章《祭远祖当阳君文》,提到"小子筑室,首阳山下,不敢忘本,不敢违仁"。杜甫后来的诗篇也多次提及"尸乡土室"。

魂脱窍

在偃师杜甫墓低头祭拜因诗而圣

那人。细雨蚕一样不停吐丝,围着我

一个凉字。

整个首阳山是一把苍老的古琴。手指

轻轻一拨,弦就断了,所有石头下面的草

都在喊痛。

从不相信灵魂脱窍的我围着墓园刚走一半

墓上树丛,一只巨大的鸟冲天一跃

我的思路瞬间被这尖锐的鸟鸣锯断

未来的我与过去的我,从此各奔前程
时间,就只是受惊的一秒
会凝固。

不再争论落叶归处。秋风吹,叶失踪
春风再一吹,就纷纷返回树枝
这就是虚无生长的真相

你的灵魂到底埋葬何地?脚踩虚空
这一刻,我更相信偃师的神灵
最传神。

夜色提前密集的黑,发根过早雪白的白
都在提醒我
在你平平仄仄的诗句里,不能走错路

越来越低的头,面对越来越高的楼
读破万卷书才明白,要靠近视眼镜遮掩
内心的恐慌

诗回答不了的问题,歌也回答不了
比如眼里的闪电为何那么碰巧就击中了
我和鸟相互不安的飞翔

2016年·秋

又是一场雨,把我带到这里。在偃师市城关三中后园,面向杜甫墓,我三鞠躬,然后围着墓茔刚走一半,一只大鸟飞跃而出,或是被我突然而至的声影惊飞,看着它快速飞离视线,我竟然怔住,大脑一片空白。从不相信神灵的我,在这一刻产生一种唯心的指认:杜甫和骨头和灵魂,应该就埋葬于此。事实上,杜甫墓地在全国有八个之多,学术界争论多年也无定论。但是,只有偃师这一个杜甫墓,让我战栗了。我因此宁愿相信杜甫就葬在这里。

为你朗读

朗读者:张丹峰
影视演员

在石门

天宝四年·745年·秋

杜甫与李白同游梁宋、齐赵后,在鲁郡(今山东兖州)石门相别,作《赠李白》:"秋来相顾尚飘蓬,未就丹砂愧葛洪。痛饮狂歌空度日,飞扬跋扈为谁雄。"临行时,李白也给排行第二的杜甫作送别诗《鲁郡东石门送杜二甫》:"醉别复几日,登临遍池台。何时石门路,重有金樽开。秋波落泗水,海色明徂徕。飞蓬各自远,且尽手中杯。"此前,杜甫赠李白的"亦有梁宋游,方期拾瑶草"和"醉眠秋共被,携手日同行",成为二人一同驰马射猎、赋诗论文、亲如弟兄的传世佳句。

嘴边驴马

缰绳拴在嘴边,是驴子还是马

只有路知道

千里之外的泗水横贯东西

杜甫和李白两个异性兄弟,当年失意

碰撞失意。饮尽失意,飞蓬各自遥远

在石门,酒杯已经换了主人

我在碑文里煮酒,与友人对酒当歌

那个骑马的人

那个骑驴的人

连加持的鞭子都在诗句里,跑远

身处闹市十八年,我常常在嘴边
遛名马,驾驭笔下的汉字
在报纸上行万里路,追赶民声
背着石头过河
以为是快马,其实是慢驴

从新闻局外人到新闻当事人
我的倔强,是三百六十五天不停
痛饮时间之酒
把诗意隐藏在新闻里,怀古
把失意印刻在报纸上,抚今

2015年·秋

我追踪到杜甫和李白分手的这个地方。此地对于杜甫而言,无疑是一个重要场地。从此,他和自己将梦一生的李白各奔前程,而且两人再无见面。李白的仙风道骨曾强烈地冲撞着杜甫,也让杜甫在垂青李白的路上逐渐成长为一代诗圣。那个骑马的人,是李白,沉醉在个人世界,那个骑驴的人,是杜甫,耕耘在黎民苍生之间。两个伟大的诗人,就从此处开始分手,走出各自诗学的精彩。只是当时一心"致君尧舜上"的杜甫,在"文而优则仕"这个问题上,没有李白提前看得开。长安十年因为求官而四处碰壁,到后来看破官场毅然辞官,杜甫才在老百姓中间成为真正伟大的现实主义诗人。在石门,已无马驴,我驻留饮茶,也在夜间喝酒,庆幸自己选择了吃文字饭,乐得自在。

为你朗读

朗读者:李彧
影视演员

在历下亭

天宝四年·745年·夏

杜甫到临邑看望其弟杜颖,途经济南,适逢北海郡太守李邕在济南,相与游宴于历下亭,作《陪李北海宴历下亭》:"东藩驻皂盖,北渚凌清河。海右此亭古,济南名士多。云山已发兴,玉佩仍当歌。修竹不受暑,交流空涌波。蕴真惬所欲,落日将如何?贵贱俱物役,从公难重过!"

读破书卷

挤满了名士的身影。最落魄的那人
当年对酒当歌
如今是一副对联应合,还未走散的古泺水

荷花替你笔下的修竹
在大明湖修行。站着,坐着,躺着
甚至枯萎着,都是修行

我行万里路,到历下亭,把书卷读破
首先是鞋

然后才谈得上拨弄琵琶的手

在历下亭,第八根柱子显然受不了
那些绿柳野蛮的生长
和我热辣的眼神

这里的阳光犀利,比辣椒更容易抹红
歌妓的唇语,天空
我迟到的脸庞

你一滴墨水,早把古泺水和黄河划清关系
给达官贵人侑酒颂歌的女子却分不清
滴入酒水的酒水,是酒是水还是泪

2015年·秋

来到传说中的历下亭。此亭是济南名亭,位于天下第一泉风景区——大明湖东南最大的湖中岛上,南临历山(千佛山),又称海右古亭。秋日,来此看绿柳怀抱彼此,荷花香气四溢,凉风微微送来,不愧是"历下秋风"。"海右此亭古,济南名士多。"这一联,无疑是济南的活广告。带着这个句子而来,又带着这个句子离去,毕竟自己不算名士,只是虔诚的诵读者和书写者。如今,名人雅士可去的地方多了去了,历下亭除了有名,已属于闲适的人民。因此,我总感觉一张机票可以把我送到历下亭,却无法把我送达唐朝那种对酒当歌、吟诗的风雅生活了。

为你朗读

朗读者:李彧
影视演员

在咸阳桥

纸上锄草

天宝十年・751年

困守长安的杜甫路过咸阳桥,作《兵车行》:"车辚辚,马萧萧,行人弓箭各在腰。耶娘妻子走相送,尘埃不见咸阳桥……君不闻汉家山东二百州,千村万落生荆杞。纵有健妇把锄犁,禾生陇亩无东西。"咸阳桥,即西渭桥,故址在今陕西省咸阳市南,是汉唐时期由长安通往西域、巴蜀的交通要道。《资治通鉴》卷二百一十六载:"天宝十载四月,剑南节度使鲜于仲通讨南诏蛮,大败于泸南。时仲通将兵八万,军大败,士卒死者六万人,仲通仅以身免。杨国忠掩其败状,仍叙其战功。制大募两京及河南北兵以击南诏。人闻云南多瘴疠,未战,士卒死者什八九,莫肯应募。杨国忠遣御史分道捕人,连枷送诣军所。于是行者愁怨,父母妻子送之,所在哭声振野。"

从词语中刮开火焰,你的愤怒

会把眼睛烧红,两岸的草掩没

那条兵车碾轧的路,不可捉摸

我站在田间,翻寻你最初的韵脚

在咸阳桥,健妇的锄犁

渭河吞下的弓箭

射落的苦难星辰

会不会又一次汹涌而出

可是我的锄犁思考不出粮食

手中的空酒杯虚构不出酒水

五言、七言，或者我的新诗

都勾勒不出天空失去的颜色

纸上锄草。也只能这样了

我知道现在提毛运笔的姿势很难瞄准

你瞄准的帝王将相

从上至下疯狂的草

替苍生哭泣，泪水拓宽了你的诗歌

国土。一代代农人耕作的泥土

如今结扎了荒芜的真相

再也生育不出粮食，和粮食生育的猪

背对故乡太久，我只能在纸上

呐喊：锄草！

2016年·秋

驱车路过咸阳桥。那座被杜甫、王维、温庭筠等历代诗人咏叹过的古桥早已不存。如今屹立咸阳市南的咸阳桥，属于钢筋水泥结构，又称一号桥。古老的渭河从桥下穿过，送走了一代代人的记忆。两岸的草，枯萎着，黄得刺目。面朝这样的草，我想到家乡的土地杂草丛生，许多家乡人不再种粮食，为了外出打工多挣些钱，荒芜了一大片土地。于是，我把乡愁从这里深深地种下去。

为你朗读

朗读者：小曾、肖晶娇
军旅歌手

在南山

天宝十年·751年·冬

旅居长安求取功名的杜甫过着贫病交加的生活,投赠书简给咸阳、华原两县诸位友人,作《投简咸华两县诸子》:"赤县官曹拥才杰,软裘快马当冰雪。长安苦寒谁独悲?杜陵野老骨欲折。南山豆苗早荒秽,青门瓜地新冻裂。乡里儿童项领成,朝廷故旧礼数绝。"

脸贴寒风

那一年,风,在长安哭出一场大雪

草与草抱团取暖

官与官抱团取暖

你抱着自己的诗歌取暖

脸贴寒风的人,在街边独酌

笏板上动荡的时局

诗句献出去了

赋文也献出去了,家谱仍然一片空白

所剩无几的书简

冻断了筋骨

纸上快马，从眼前一跃而出
你却移不动被风扎痛的双脚

在南山，读你的诗，读你绝望的表情
如今的豆苗，和瓜
不仅失了礼仪，而且乱了阵脚
遍地都是过早锈迹斑斑的流星

仿佛风不停，黑夜就止不住那种凉
我只能把尽可能多的月光敷在脸上取暖
当作一剂中药，反复温着想象
让那些飘摇的枯草，不再贫穷

2016年·秋

杜甫此诗提到的南山，又名终南山，秦岭山峰之一。2016年秋，我寻访于此，首先是如诗如画的南山云海，让我流连忘返。那些密集的白云，会让人误以为是大雪，只是不纷飞过去的冷。情不自禁选择在这里住下来，直到流星下坠，月光破雾而来。这里的月光在秋夜秋风中显得温暖，像催眠曲，让我安然入梦。

为你朗读

朗读者：藏海
企鹅FM金牌主播

在长安

天宝十一年·752年

杜甫困居长安因仕途失意,亲朋好友的冷落,作《贫交行》:"翻手为云覆手雨,纷纷轻薄何须数。君不见管鲍贫时交,此道今人弃如土。"同样深感世态炎凉、人情淡薄的诗,还有《奉赠韦左丞丈二十二韵》:"朝扣富儿门,暮随肥马尘。残杯与冷炙,到处潜悲辛。"杜甫曾多次赠诗赏识其诗才的韦济,感激并希望得到韦济的汲引推荐,均无结果。

脚底长安

与其说你的诗句,铺在石头上是给我铺路

不如说你的诗句,是从这些石头新长出来

因为每一个字都饱满如谷

保持着你,语不惊人死不休的倔强之心

在长安杜公祠,我小心地走,尽量绕开它们

生怕一不留神就踩痛你的韵脚

雾霾,落叶,孤独,都有尽头

我呼唤多年的风雨迟迟不来,或许还在路上

今天没有呼风唤雨,风反而来了,雨也来了

可我还是不知道我的尽头在哪里

更不知道要走多远的路,才能从你踪迹里

走出自己的路

长安。在你脚底

一步一步漫游成了我们的西安

身旁的父亲说:他最大的心愿

就是我今生心态好

脚力好,我的脚底处处皆是,长安

2016年·秋

杜甫困居的长安具体在何处?2016年秋,我的西安之行,着重考察了位于西安市长安区韦曲镇东少陵塬畔的杜公祠。杜甫因远祖杜预是长安人,常常自称"少陵布衣""少陵野老""少陵野客"。据当地杜甫研究专家介绍,大约是754年杜甫43岁这年,杜甫把全家接到了长安少陵塬,就是如今的长安杜公祠。此杜公祠是四合院建筑群,山门是唐代的砖木结构,院内供有杜甫泥塑一尊。杜甫的经典诗句,沿着石阶一直铺到杜公祠大门,成为一大景观。此杜公祠,最吸引我的则是唐肃宗乾元二年(750年)杜甫写的《俯太中严公九日南山寺》石碑的墨拓本,据说这是现存唯一的杜甫墨宝,堪称该祠镇馆之宝。我最想的是,平常在大脑里穿梭的杜甫诗句,在此有真实的指向。

为你朗读

朗读者:蒋山
民谣歌手

在大雁塔

天宝十一年・752年・秋

杜甫与高适、薛据、岑参、储光羲登慈恩寺塔，作《同诸公登慈恩寺塔》："高标跨苍天，烈风无时休。自非旷士怀，登兹翻百忧……回首叫虞舜，苍梧云正愁。惜哉瑶池饮，日晏昆仑丘。"慈恩寺塔，即大雁塔，为新进士题名之处。唐高宗永徽三年（652年）玄奘法师所建，在今陕西西安市和平门外八里处，现有七层，高六十四米。

秋风令

秋日黄昏，我怀揣

一颗纸做的心独上

大雁塔。强劲的风

撕碎了乌云的面纱

不给这片天空留一丝阴影

耳边宏大的钟声，嘴边细微的咒语

都被风吹落一地

落叶扶梯而上，卷起一个巨大漩涡

我躬身捡拾

杜甫的伤心

却与高适、薛据、岑参、储光羲
这些随风飘来的名字,劈头相遇

是一首诗在召唤
那些落魄的魂灵。大雁哀鸣,又展翅高飞
他们还在塔尖借助秋风呼喊
死亡,只是睡了一个难得安稳的觉

"现实一残酷,理想就憔悴"
人不过如此,而已。那就让秋风继续吹
给在唐朝横尸沟壑的人安安魂
也给在报纸上逃难的人醒醒脑

2016年·秋

无数次到西安,都会去大雁塔。过去只是去看风景、纯耍。2016年秋,我再次来到大雁塔,就想看看风景中的人,比如杜甫,在此留下的踪迹。虽然难以找到更懂他的人,我依然坚信他的诗歌不会撒谎。

为你朗读

朗读者:果欣禹
人民日报主持人

在曲江

天宝十二年·753年·春

杜甫在长安曲江河畔,路遇杨贵妃姊妹奢华出游,作《丽人行》:"三月三日天气新,长安水边多丽人。态浓意远淑且真,肌理细腻骨肉匀。绣罗衣裳照暮春,蹙金孔雀银麒麟。头上何所有,翠微盍叶垂鬓唇。背后何所见,珠压腰衱稳称身。就中云幕椒房亲,赐名大国虢与秦。紫驼之峰出翠釜,水晶之盘行素鳞。"《旧唐书·杨贵妃传》:"有姊三人,皆有才貌,玄宗并封国夫人之号,长曰大姨,封韩国,三姨,封虢国,八姨,封秦国。并承恩泽,出入宫掖,势倾天下。"

丽人帖

白马一样奔忙的雪,就要揭穿一江春水

泛滥的假象。虢国夫人和秦国夫人

还在阳光涂抹的画卷里

铺陈着丰润如雪的肌肤

雪,一片一片落在心上

右丞相杨国忠马背上的骄横与淫奢

也一片一片下落,在曲江河畔

如今像深陷泥土的鹅卵怪石

满地青草抱团施力也拔不出

在曲江,我能拔出的只是一个人
在宫殿之外冷却的誓言

时间在三维空间里,蝌蚪一样漫步
此刻我看到的美人都是河蚌
与不知冷暖的风,超生的鱼
一千二百六十三年
不过是三五米距离

我用泥土揉捏她们
在唐朝的模样,恍若黄昏时分
被秋风划破的血淋淋的残阳

2016年·秋

在西安,我遍游杜甫笔下经常提到的曲江。据史书记载,唐开元年间,唐玄宗为了便于与杨贵妃前往曲江游览,下令修建御用的夹城。安史之乱却使得曲江遭到毁灭性的打击。尽管平息战乱之后对整个曲江风景区有修复,五代之后长安城失去国都地位,曲江随之荒废。在宋代、明代,无数文人学士来到曲江,无不为它的荒凉而感叹。直到清康熙年间,再次修复的曲江,列为关中八景之一。如今,早些年还是郊区的曲江,已经演变成为西安的"公园之城""文化之城"。曲江新区的打造,仿佛又回到盛唐的繁华。

为你朗读

朗读者:小曾
军旅歌手

在长安

画杜甫

玄宗天宝十四年·755年·春

困守长安十年求官无望的杜甫,和好友郑虔(诗书画被唐玄宗评为"三绝")纵酒高歌,作《醉时歌》:"清夜沉沉动春酌,灯前细雨檐花落。但觉高歌有鬼神,焉知饿死填沟壑?"代宗广德二年(764年),听闻广文馆博士郑虔、国子监司业苏源明两位好友相继去世,杜甫在成都作诗《哭台州郑司户苏少监》:"故旧谁怜我?平生郑与苏。"

这个城市的呼噜声已经翻山越岭
被秋风送远。我还在酒杯上唇吻
你的乡愁。

像水田看见弯腰的稻谷一样沉醉
在长安。你望着月光从窗外屋檐
滴落成雨。

不停举杯,和自己干杯,与清醒告别
仿佛只有异乡深夜的灯光才能
把你灌醉。

你穿着粗布衣,一双被路踏破的鞋
冬天的雪一染
两鬓就全白了。

天天在官仓买米五升度日
你穷得只剩几米梦想,依旧把酒高歌
痛饮豪情。

我在《醉时歌》这首诗里
紧张呼吸。给你作画,也画自己
十年记者生涯漂泊的雨。

2016年·秋·一个雨夜

陪父亲吃饭喝酒之后,他起伏的呼噜声让我无法入睡。索性起床看书,读到《杜诗全集》的《醉时歌》时,雨水不断从屋檐坠落下来,我又拿出酒水独酌起来。一杯杯酒下肚,蒋兆和画笔下的杜甫像猛然闯入我的大脑,但我更想画一个醉时的杜甫形象。只是我用的色彩,是新诗。

为你朗读

朗读者:蒋山
民谣歌手

在骊山

天宝十四年·755年·十一月

安禄山举兵造反,被任右卫率府胄曹参军的杜甫由长安赴奉先县(今陕西蒲城)探望妻儿,途经骊山(今西安市华清宫景区内)时逢唐玄宗、杨贵妃在此避寒游玩,作《自京赴奉先县咏怀五百字》:"杜陵有布衣,老大意转拙……非无江海志,萧洒送日月。生逢尧舜君,不忍便永诀……霜严衣带断,指直不得结。凌晨过骊山,御榻在嵽嵲……朱门酒肉臭,路有冻死骨。"此诗是杜甫长安十年痛苦经历的总结,也是杜甫"史诗"中的第一首长篇作品。

向日葵

花的脚紧抓大地,怕被面上霜冻死

草的脚紧抓大地,怕被头上雪冻死

人的脚紧抓大地,怕被人的冷眼冻死

朱门外,万物剔骨脱肉还给万物

朱门内,运走了秋天的虫蚁不再奔忙

静看时间

把酒肉伺候的王侯、将相

还原成一粒粒沙

把妻子寄出身边,羞为人夫

把儿子埋伏荒野,愧为人父

你从焦虑出发,送走日月
把偏离思想的反骨,忍痛搬正

在骊山华清宫,我用一朵向日葵
向更黑更暗更深的洞穴,探秘
生命的意义
与无意义

风不止。路才疯狂
延伸至远方,一棵棵树纷纷俯身清理
与尘埃,与巨石,扎根的亲疏关系
我紧捂着你的诗句,怕一粒粒字冻死

2016年·秋

从西安市区一路往南,加上出城时间,不到一个小时就能到达闻名千古的华清宫,位于西安市临潼区的骊山。唐时的骊山,是帝王游幸的别宫,如今是国家森林公园。华清宫始建于唐初,鼎盛于唐玄宗执政之后。因在骊山,又叫骊山宫。相传唐玄宗每年十月都要到此游幸,岁尽始还长安。这样的奢侈之地,至今游人如织。除了宜人的自然风光,还因这是唐玄宗和杨贵妃的喜乐之地。而我更想看看,杜甫当年路过骊山创作名篇《自京赴奉先县咏怀五百字》的人文地理,以及丛林生发的诗意所在。恰逢秋冬之交,天气的冷与游人的热形成鲜明对比。找个僻静之处,重读杜甫诗篇,新诗油然而生。

为你朗读

朗读者:郑子可
中央电视台新闻主播

在鄜州

天宝十五年·756年·春

安禄山由洛阳攻潼关,五月,杜甫从奉先移家至潼关以北的白水(今陕西白水县)的舅父处,六月,长安陷落,玄宗逃蜀,叛军入白水,杜甫携家逃往鄜州羌村,七月,肃宗在灵武(今宁夏灵武县)即位,杜甫获悉即从鄜州(今陕西富县)只身奔向灵武,不料途中被安史叛军所俘押回长安,八月,杜甫被禁长安,望月思念寓居鄜州的妻子,作《月夜》:"今夜鄜州月,闺中只独看。遥怜小儿女,未解忆长安。香雾云鬟湿,清辉玉臂寒。何时倚虚幌,双照泪痕干。"

天乳

异乡的满天繁星,是我的女人

从乳房挤出的营养。

缺钙的我比缺爱的月亮饥饿,贪婪

吸走露水缩小的睡眠

放一把梳子独守空房。月光正好

落在我的瞳孔上

光的虚无才有了真实的指向

从头发上抚摸

一朵花的暗香。小风霜,大梳妆

窗外林深路滑,迷雾紧锁故乡

已没有果实端坐在桃树之上

唯有五根手指,可以采摘更多的想象

唯有五根手指,可以抽丝剥出茧里的暖

在鄜州,飞机胀痛了夜空的乳房

我的手指此刻特别痒

2016年·秋

从西安驱车北上,一个古老的名字:鄜州(今陕西富县)。羌村(今富县茶坊镇大申号村)这个古老的村落,因为杜甫和他的妻子在逃难的唐朝客居于此,在我的杜甫踪迹史研究版图中变得异常重要。古羌村,距县城10公里,依山傍水,地势幽僻,村里有窑洞刻下"杜甫居住处"字样。这个村落依旧是陕西风格的民风民俗,吃肉夹馍,喝羊肉汤。这天,尽量多吃一些粗茶淡饭,我想用最简单的饮食来追寻杜甫在饥寒交迫的夜晚创作《月夜》的蛛丝马迹。反复咀嚼杜甫写给妻子的这首情诗,仰望夜空,星星、月亮、飞机,在我头顶变成奇怪的意象。它们与永恒的爱情,有了新鲜的关联。

为你朗读

朗读者:李泽鹏
中央人民广播电台主持人

在杜公祠

至德元年·756年·七月·十二日

唐玄宗李隆基的太子李亨在灵武即位,为唐肃宗。杜甫这年先从奉先县(今陕西蒲城县)出发,跋涉来到鄜州(今陕西富县)羌村落户,为了去灵武(今宁夏灵武市)寻找肃宗参加平叛,又从羌村出发北上,沿川到达延安七里铺,途抵安塞芦子关附近,不幸被叛军虏擒押解长安。身陷叛军,杜甫反思筹边策略,作《塞芦子》:"延州秦北户,关防犹可倚。焉得一万人,疾驱塞芦子?"

爬坡水

押解秋风,重返延安七里铺

杜甫枕鞋卧身之处

除了塞满一个个冷字,延河再也无力打开

冻死的记忆

在杜公祠,我也想从此沿着浩荡黄土北上灵武

把一路泥沙吼成秦腔,把山丹丹花唱成信天游

可是芦子关,关在古书里

你模糊的韵脚,已不再是破关的钥匙

面前,刻在石崖上面那个陡峭的川字

如悬崖峭壁,甚至阻断了

我想象的路

以及时间背后的战火

从书房到废墟,再从废墟到书房

吃力爬坡的秋水

轻快下跌的秋风,不时会撞击

你在这里醒来,把梦写成诗的传说

我搓手搓热一个下午的敬意,一到傍晚

竟然支撑不了一盏

华灯。抱着希望而来,我却只能把失望

冻成冰,哼着下四川,借酒取暖而去

2016年·秋

我来到延安,重点考察了杜公祠等杜甫遗迹。这座杜公祠,位于延安市宝塔区七里铺东,祠前靠西有一条缓缓的河水,不用触水也感手冷。传说杜甫北上灵武路过延安,曾在这里枕鞋夜息,后人便凿窟建了祠堂以示纪念。范仲淹曾亲笔题书"杜甫川"三字刻于石崖,遗憾此祠历代屡遭兵毁,今祠为延安方面于2014年在道光年间修建的原址上重建。此次延安行,我最想查证的是杜甫被俘之地,可惜从延安城区北上安塞寻找芦子关,这个先秦时期的北门关口已被浩大的历史大口吞咽。不过,流传在当地的秦腔,以及《信天游》《下四川》等陕北民歌,让我流连忘返。

为你朗读

朗读者:蒋山
民谣歌手

在长安

至德二年·757年·三月

杜甫陷身叛军占据的长安,眼见山河依旧而国家变迁,满城春色却一片荒凉,作《春望》:"国破山河在,城春草木深。感时花溅泪,恨别鸟惊心。烽火连三月,家书抵万金。白头搔更短,浑欲不胜簪。"

咏叹调

在长安,有一条霸道的河,叫灞河,它有明亮的眼睛

能看见鱼从火焰中撤退

能看见鸟从树窝返回深邃的空洞

能看见花哭掉了笑,笑掉了哭,麻木为生

能看见国家蛋打一样破裂,王侯将相惊鸟一样四散

能看见黑夜把自己磨成墨,填写菩萨蛮、咏叹调

我看不见的,它都看见了

在长安与这样的山河对视,我仿佛抓住了闪电

劈开杜甫的诗歌之核

掘出那封价值万两黄金的家书

眨眼之间,白发隐去,黑发重生

我从恐慌的城市返回宁静的乡村

除了外出访友的父亲错过,所有的亲人都在

围观我从鲜红的床单跑回母亲的肚子,与爱情

此刻的我,不再是父亲的孤单

而是诗圣杜甫一滴滴诗意

击破的梦

2016年·秋

在西安,我与灞河对视。联想杜甫的著名诗篇《春望》,这条霸道的河,像一面镜子,给我一一照射出"国破山河在"后的历史往事,也把我打回原形,回到生命的最初。走神的这一刻,像做梦一样,不可思议。

为你朗读

朗读者:苏扬
中央人民广播电台主持人

在凤翔

至德二年·757年·四月

杜甫逃出长安,投奔在凤翔(今陕西宝鸡)行官的唐肃宗,五月被任命为左拾遗,作《喜达行在所三首》,其二:"愁思胡笳夕,凄凉汉苑春。生还今日事,间道暂时人。司隶章初睹,南阳气已新。喜心翻倒极,呜咽泪沾巾。"一直对凤翔向往已久。在东周时代,凤翔叫雍城,是秦国定都时间最久的都城。这两年的热播剧《芈月传》《大秦帝国》反复出现过"雍城"二字。这座有帝王气概的古城,曾经接纳过在京城长安之外登基的唐肃宗,成为他的西京行官。这里,也是杜甫命运的重要转折点,逃出长安叛军视线的他,突然得到唐肃宗任用,可谓喜从天降。凤翔,也因此留下杜甫"麻鞋见天子"的史话。

云逃窜

在凤翔,蓄谋已久的雨,突然乱箭齐发

不仅射穿了飞鸟翅膀上的惊慌

山石,潜伏的是忠诚还是背叛

也被这场急雨洞穿

刚才还抱团前行

转眼就纷纷放手,各自逃窜

扔掉了散漫和誓言

流云,终究是不可靠的事物

我因此更向往你的故国

蹄声里粉身碎骨的草

噩梦中走投无路的人

在雨水里，是怎样打破绝境

对不起，凤翔

我在这里静坐许久

也没发现你说的喜悦

远处应有，胡笳执着追打的悲音未散

2016年·秋

路过凤翔，一场从天而降的暴雨，打乱了我的行程。只能静坐，喝茶，胡思乱想。看着流云飞快地逃窜，我在诗歌中写了无数次的"秋风"，这一次我让它隐身了。浩大的关中平原，一直有"无酒不成席"酒文化习俗，不知何故，这次凤翔之行我竟然滴酒不沾。

为你朗读

朗读者：郑紫豪
人民网主持人

在凤翔

至德二年·757年·五月

杜甫被任命为左拾遗后,因思及妻子死活而作《述怀》:"去年潼关破,妻子隔绝久。今夏草木长,脱身得西走。麻鞋见天子,衣袖露两肘。朝廷愍生还,亲故伤老丑。涕泪受拾遗,流离主恩厚。柴门虽得去,未忍即开口。寄书问三川,不知家在否。"

杯盏间

潼关,破在风波里

妻儿揉皱在纸上,望不到尽头

那年,你的信从凤翔寄出

像孤零的舟,被一江秋水寄远

再无回声

谈天说地的人,成了语言的寡妇

藏匿于草木深处

只为逃离秋风

一双麻鞋在信仰里磨破脚趾

圣人还在阔谈

诗人已经寡语

在凤翔,半山鸟鸣被雨水撕破以后

山骨松动

河骨瘫软

人骨破碎

也就是一些人贪图的杯盏间

2016年·秋

深入凤翔,河岸长草之中,我又一次从《杜诗全集》翻到了《述怀》这首诗。面向丛草,大声朗读。如此三遍,心中陡然畅快起来。有个当官梦的杜甫,我怎么可以质疑他的执着。后来成为伟大的"贫民诗人",凤翔这段左拾遗的历练,无疑是杜甫一段悲喜二重奏的修行。

为你朗读

朗读者:许博
人民网主持人

在邠州

至德二年·757年·八月

从陈陶兵败的宰相房琯被贺兰进明等人诬谤受贿而论罪，作为左拾遗的杜甫上疏为房琯辩罪，触怒唐肃宗，被命离凤翔探家（遣归）。杜甫从凤翔返回鄜州（今陕西富县）途径邠州（今陕西彬县），向李嗣业借马代步，遇山崖怪石如遇猛虎，后作《北征》："邠郊入地底，泾水中荡潏。猛虎立我前，苍崖吼时裂。"

寻虎啸

在邠州，面向苍崖寻虎啸，整个下午
我都无法确定怪石的裂口
是老虎。靠近秋风的怒吼
要借助比喻，来指认
你隐藏在诗句里的寂寞

自你走后，长达九百一十里的泾水
一直在变迁
从我的手指绕过之前还清澈
走到更远的地方
就能看到腐烂

所以很多的鱼

变得不可信。我只能捏碎

那些和虚假的抒情一样虚假的广告

深入幽谷,能捡拾几分清幽

就是几分清幽

月亮翻过山峰,很快就会天亮

它顾不了那么多岩石,在黑夜里

渴望的光。还有哪一处山水

可以没收人的贪欲

我从纸上放出的老虎,正在:嗷呜

2016年·秋

转入陕西彬县,唐朝叫邠州。这个看似不太有名的县城,却有着古老的历史,古豳人早在八千多年前就在这里留下足迹。杜甫诗中提到的泾河,是古豳人的母亲河,繁衍了灿烂的古豳文化,留下了老官台文化、仰韶文化、龙山文化的几十处文化遗址。作为一个写诗之人,除了追踪杜甫的踪迹,也必须来一次这个诗经之乡。行走在泾河岸边,仿佛有《诗经·豳风》时空绕梁的余音。如今,这里已是丝绸古道上的不夜城、渭北高原上的小江南,如诗如画,宜居宜游。当然,作为《秋风破》主题创作方向的必经之地,《北征》中的泾水、苍崖、犹如猛虎的怪石,是我彬县之行考察的重中之重。联想到前几年的陕西华南虎事件,仅从纸面解析"猛虎立我前",会不会误以为杜甫真的见过华南虎呢?而泾河,作为黄河第一大支流渭河的第一大支流,如此清澈见底,让我想到现代工业污染的许多河流,我真渴望有一种虎啸从泾河呼啸而来,吓退贪欲。

为你朗读

朗读者:徐雪雷
中央电视台实习主播

在彭衙

至德二年·757年·闰八月

杜甫由凤翔回鄜州省亲,路经彭衙(今陕西省渭南市白水县东北六十里的彭衙村),回忆起一年前全家避贼逃难于此,受到友人孙宰热情款待的深情厚谊,但又不便枉道相访,作《彭衙行》:"忆昔避贼初,北走经险艰。夜深彭衙道,月照白水山。尽室久徒步,逢人多厚颜。参差谷鸟吟,不见游子还。"

逃难月

天气不好,星星就会从天上逃离

心情一好,月亮又会从山上升起

我故意不吃晚饭

让饥饿在彭衙这一带奔跑

如果跟随秋风

就可以潜入,你在这里逃难的那个夜晚

我想让那轮明月

照亮彼此的前程

在彭衙,我带了干粮和保温的茶水

可以一起把时间慢下来

生活,这个词语太坚硬
不妨喝半斤酒,让一切柔软下来

在飘摇的人世,我和你一样
都是暴雨和悬崖夹击的鸟
渴望像月光冲刷过的山石
磨掉棱角,走向沉稳

2016年·秋

来到陕西省渭南市白水县史官镇彭衙村,是因为杜甫在这里诞生了《彭衙行》,描述了安史之乱时期潼关失守后杜甫一家仓皇逃难的故事。"不到史官镇,不知仓颉庙。不到彭衙村,难懂《彭衙行》。"这是我到达这里之后的直观感受。遗憾的是,听闻彭衙村不时有陕西民俗的腰鼓表演,这次显然错过。在史官镇,有南北彭衙村之分,杜甫诗中提到的彭衙道,就在这一带。

为你朗读

朗读者:高泽民
中央电视台主持人

在唐城墙遗址

至德二年·757年·九月

唐军收复了被安史叛军控制的京师长安,十月,肃宗自凤翔还京,杜甫于是从鄜州到京,仍任左拾遗,掌供奉讽谏,大事廷诤,小事上封事。乾元元年(758年)春,杜甫上封事前在门下省值夜时,作《春宿左省》:"花隐掖垣暮,啾啾栖鸟过。星临万户动,月傍九霄多。不寝听金钥,因风想玉珂。明朝有封事,数问夜如何。"

铁发芽

一夜冥思,还是无法和沉默的泥土,退回唐朝

长安的门下省,隐身书里

在西安唐城墙遗址公园,我只能在门下

反省你的梦想,遥想那一年那一夜

枯萎的花靠近围墙

泼出苦水重新开放

战事未停,你把马缰拴在笏板之上

整个长安城所有的老路都沉睡了

你还是睡不着

像一个久违的铁匠，捶打夜色
仿佛打到天亮，你身体里的铁
就发芽了

失眠，是你来回踱步溅起的星光
对于今夜的我而言却是钢化玻璃窗
挡不住的秋风，反复落在
惘然之上

2016年·秋

我游历了西安唐城墙遗址公园，并就近住下。这个夜晚，我严重失眠。唐肃宗病死的大明宫长生殿，杜甫上朝前值守的门下省，到底在哪里？本来西安之行想考察个一二出来，可是难以如愿，它们不是被战火焚毁，就是被时间消灭。这一夜冥思许久，疑惑不解，怅然若失。

为你朗读

朗读者：翟柒因
成都广播电视台主持人

在洛阳

乾元二年 · 759年 · 春

长安和洛阳两京相继收复,平叛捷报频传,被贬为华州司功参军的杜甫,回到洛阳探望战乱后的故乡,作《洗兵马》:"安得壮士挽天河,净洗甲兵长不用。"

寻刀记

我说的是收复洛阳兵马的陌刀。被血
反复洗过的陌刀。安史之乱的唐兵在乱世
挣扎一生的陌刀。最终被泥土
一口吞没的陌刀。

我们遗忘的陌刀
在两米之下生锈
腐烂的记忆
在洛阳,我只能从杜甫诗句里寻找

这把陌生的刀。它其实隐藏
在每个时代的士兵内心深处

每次父亲在案板上切菜，菜刀快得
不给菜一次喊痛的机会

他纵马边疆杀过人，直到退伍返乡
放下杀人的刀，举起切菜的刀
不变的是刀的利落
变了的是铁的干净

2016年·秋

在洛阳用水果刀给苹果削皮，脑海里突然涌出"净洗甲兵长不用"这个句子。于是我开始研究刀，洛阳的刀，唐军当年对抗安史之乱叛军那些刀。听当地人说，陌刀，就是唐代将士常用的长柄刀的一种。《唐六典》卷十六即载："刀之式有四：一曰仪刀、二曰障刀、三曰横刀、四曰陌刀。陌刀，长刀也，步兵所持，盖古之斩马，刀重十五斤，又名砍刀，长七尺，刃长三尺，柄长四尺，下用铁钻。马步水路咸可用。力士持之，以腰力旋斩挡者皆为齑粉。"

为你朗读

朗读者：叮当
中国曲艺家协会副主席

在新安

乾元二年·759年·三月

郭子仪、李光弼、王思礼等九节度使率领的六十万军队，在邺城被史思明击溃，郭子仪退保东都洛阳，时任华州司功参军的杜甫正由洛阳回华州任所，途经新安（河南新安县）耳闻目睹强行征兵，百姓哭声动谷，泣泪成血，作《新安吏》："客行新安道，喧呼闻点兵……白水暮东流，青山犹哭声。莫自使眼枯，收汝泪纵横。眼枯即见骨，天地终无情。"这期间，杜甫写成组诗"三吏"（《新安吏》《潼关吏》《石壕吏》）、"三别"（《新婚别》《垂老别》《无家别》），成为"遂下千年之泪"（王嗣奭语）的杰作。

挖煤的人

在新安，地壳还在切割青山与白水的模样

寒风像个冷漠的将军，检阅

生命低处的声音。

我从诗书里进入，时间解冻的新安

随手可摘的草木，皆是风指挥的兵

随手可摘的想象，皆是你缺乏的力

点将台下，到处都是挖煤的人

他们在苦难深处

挖煤。星星，又一次在夜空觉醒

绵延的山快被挖空了
还是填不满河的空虚
煤点燃的火，烧痛的不只是一座城
还有人不断挖煤的记忆

函谷关在古道上展平苍凉
黄河第一关从此关闭，在我眼睛里
干枯。

挖煤的人，摸着石头过河的人
看得见的石头都不是石头
而是你眼中的泪水
送别的喧嚣，淹没的人骨

2016年·秋

在西安去洛阳的高速路上，我把一大块时间停留在新安县。如今，新安县境内矿藏资源丰富，煤炭总储量18亿吨，是全国100个重点产煤县之一。在新安街道漫步，我无法想象杜甫笔下强行征兵的场面。曾经年少随同当电工的父亲去过贵州山区，那些喝煤炭水长大的人，一口牙齿漆黑，这种印记幸好没有在新安重现。

为你朗读

朗读者：陈岚
《楚乔传》编剧

在石壕

乾元二年·759年·春

杜甫在西行途中投宿石壕村（新安与潼关之间）一个老翁家，遇到吏卒深夜捉人，作《石壕吏》："暮投石壕村，有吏夜捉人。老翁逾墙走，老妇出门看。吏呼一何怒，妇啼一何苦！听妇前致词：三男邺城戍。一男附书至，二男新战死。存者且偷生，死者长已矣。"

磨刀的人

千军万马飞奔而去，千万个人浓缩一人

观音坐镇静观，磨刀的人

手起刀落之间，野心磨成了针

远近山河却一脸淡然

在石壕村，随便

问一块归隐的石头，或者行走的石头

它们都是星星的磨刀石

有刀夜入门

就有一块石头盘腿，面向菩萨

忏悔

老翁翻墙而过的咳嗽声

老妇洗涮锅碗瓢盆的叹息声

都不及一个人用草鞋磨破风的呼啸声

来得惊心动魄。

我在你的诗句里打坐，假装平和

纸上又跃出千万匹马，磨刀的人

用磨刀石偷走时间的人

2016年·秋

杜甫这首《石壕吏》，把我指引到了传说中的石壕村。石壕村坐落在河南省三门峡市陕州区观音堂镇以西，310国道就从村南经过，因为杜甫的"暮投石壕村，有吏夜捉人"这一千古名句而闻名天下。当地人为了纪念杜甫，在村里重修了仿古建筑石碑，刻有醒目的"石壕村"三字，照壁上面更是刻有一首字很大的《石壕吏》诗。整个石壕村，夹在南北两座大山中间，东西一条沟又是崤函古道的必经之路，小村既像小街又像驿站，村子里到处可见石头、石房、石窑、石墙、石桥。来到这里，我甚至就有定居下来的冲动。

为你朗读

朗读者：苗驰
影视演员

在潼关

乾元二年·759年·春

杜甫从洛阳途经潼关,看到士兵紧张筑城,作《潼关吏》。"士卒何草草,筑城潼关道。大城铁不如,小城万丈馀。借问潼关吏,修关还备胡。要我下马行,为我指山隅。连云列战格,飞鸟不能逾。"潼关位于陕西省渭南市潼关县北,北临黄河,南踞山腰,历来为兵家必争之地。《水经注》载:"河在关内南流潼激关山,因谓之潼关。"

筑城的人

落日向西落下疲惫,黄河也执意向西倒流

把水草、杂念、淹没的灵魂

——还给渭河、泾河和灞河

水围长安那一年,出城的人野马一样四散

筑城的人手执信念

给破败的潼关补洞

人填补着人,山填补着山,逼近了云天

在潼关,飞鸟、游鱼都在灰烬中隐身

面对一张薄薄的宣纸,我的手指忍不住

戳破它背后的秘密

墙推倒了古意,造化出的新城

已不适合我久留

秋风快得像刀,轻轻一舞

一种叫瘦的记忆就四分五裂

2016年·秋

我来到潼关古城,这里正在大兴土木改造,灰尘漫天飞。可能来的时候不对。"渭河不知黄河黄,半入潼关半断肠。一片灰城光阴破,再无兵马过心墙。"当时,我甚至就在微信上用这样的话迅速记录了不好的印象。当然,作为历代重要的军事治所,潼关古城墙一直有地利之险要。虽然杜甫诗中提及的潼关古城已经不存,如今只是留存的明代潼关城的城墙,依然有它的巍峨和雄壮。而进入潼关县城,吃到的羊肉汤和肉夹馍,至今还让我的舌尖回味无穷。

为你朗读

朗读者:张仲鲁
中央电视台新闻主播

在河阳

乾元二年·759年·春

杜甫从洛阳返回华州(今陕西华县)途中,目击一对新婚夫妻的残酷离别,妻子强忍悲痛送丈夫参军赴河阳(今河南孟州)守边,作《新婚别》:"兔丝附蓬麻,引蔓故不长。嫁女与征夫,不如弃路旁。结发为妻子,席不暖君床。暮婚晨告别,无乃太匆忙。君行虽不远,守边赴河阳。"

阳光骗子

夕阳坠落的孟州,我更愿意称为河阳

你看很多红色的水,还在用《新婚别》告别

把车停在暮色中,紧咬住耳语,我有大把时间

寻找掌纹上失踪的爱情

比如那个以泪洗尘的女子,在你的诗句里走来

丈夫临别的承诺,其实离她的心脏很远

可她仍然坚信死亡很近

坚信遍地阳光都是骗子,经不起蚂蚁一路拷问

跨出去,他是她的病
走进来,她是他的药

他们无法选择不选择。切菜的刀成为杀人的刀
看情形,他和她只能选择战栗

在河阳,我总感觉越来越红的暮色会带着他归来
因为你匆匆一别就再未举起阳光照亮他们

追踪到这里,我必须终结这个故事
比如窗外的雪,不翻出孤独就应找出喜悦

2016年·秋

《新婚别》到底写于何地,如今难以考究准确方位。2016年秋,我反其道而行之,从华县到洛阳,然后北上孟州。这个在安史之乱时期的守边之城,因为大战不休,孟州的古名河阳反而更有声名。杜甫在《新婚别》中提及的丈夫参军赶赴的河阳,成了我一个意外的选择。我很想把杜甫定位成唐朝首席记者,但是对于这一对新婚夫妇,他仅仅用一首诗歌去关注一次新婚离别事件,显然不能满足读者需要结局的好奇心。我因此怀疑甚至觉得,这个丈夫当年去打仗不一定会死,说不定回家团圆了,只是无名,没人关注到隐秘的结局而已。我似乎犯了新闻记者的执着这种职业病。

为你朗读

朗读者:闫莉
军旅歌手

在河阳桥

乾元二年·759年·三月

郭子仪率领朔方军拆断河阳桥（今河南孟州），阻止安史军队南下，杜甫途经洛阳以西、潼关以东一带，遇见一个子孙全部阵亡的老人被强行抓丁，与老妻诀别，作《垂老别》："人生有离合，岂择衰老端。忆昔少壮日，迟回竟长叹。"除了《垂老别》创作背景涉及河阳桥，杜甫还在755年创作的《后出塞五首》其二中，提到"朝进东门营，暮上河阳桥"，都是讽刺唐军疯狂征兵给人民带来的苦难生活。

落叶返乡

放下所有的刀，归还给马

自己要走的路

秋风依旧止不住沙的疯狂

离家出走的树因此而苍老

落叶返乡这条路，走的人少了

荒草渐渐遗忘

在河阳桥，流水关在没有回旋的余地

不见船的踪迹，鱼也惊讶

血水，夕阳

早就知道结局，在废纸上

伪君子，战争狂，昏君和强盗

后来都被时间宽恕

2016年·秋

我执着地在孟州市找到了河阳桥。这个颇有战争纪念意义的桥，当然多次毁坏又多次重修。战争的痕迹，早已被河水冲刷干净。我相信，那些伪君子和战争狂后来也都被时间一一宽恕。

为你朗读

朗读者：闫莉
军旅歌手

在邺城

乾元二年·759年·三月

唐朝六十万大军败于邺城(今河南安阳),杜甫从洛阳返回华州途中,遇见一个邺城败后还乡又再次被征服役的士卒,作《无家别》:"寂寞天宝后,园庐但蒿藜。我里百馀家,世乱各东西。"安阳,对于杜甫而言,有两种表情,一是年少轻狂"燕赵游"游历于此的喜悦,二是人到中年遭遇安禄山、史思明叛乱占据于此的悲伤。

患病幻象

从骨髓里抠出
一个人的名字

桃花痛了一夜
我把月光紧攥,在手心里

名字还有体温
只是梦想漆黑

肋骨上的女人,寒风中的报纸
此刻同时患病

手表上的滴答声彻底混乱
我一放下酒杯,安阳就变成了邺城

在邺城,那条通向故乡的小路晃荡着
我的宿醉

父亲在给我拔火罐,很着急的样子
母亲不停给我喂药,把自己哄成了小孩

我在半夜醒来
全身大汗淋漓

2016年·秋

2016年秋,进入我视线的安阳却变得有些模糊,在这里偶然感冒,就没用多少脚步去丈量战争与和平的距离。因为酒后吹风的这次感冒,我甚至有一种患病幻象。

为你朗读

朗读者:叮当
中国曲艺家协会副主席

在秦州

乾元二年·759年·秋

杜甫辞去华州司功参军职务,开始"因人作远游"的流寓秦州(今甘肃天水)的艰苦历程,在秦州面对当地山川风物,伤时感乱个人身世遭遇之悲,作《秦州杂诗》二十首,其七云:"莽莽万重山,孤城山谷间。无风云出塞,不夜月临关。属国归何晚,楼兰斩未还。烟尘一长望,衰飒正摧颜。"

出塞的云

秋风没有扫走,你在塞外无处安放的寂寞

月光穿心而过,万重山峦紧张如火

我是今夜烧得弯曲的铁

出塞的云,红了半边天

它们明明知道绽开莲步

就会摇摇晃晃

还是远离一叶孤城,踏上打滑的路

像是酒后跌跌撞撞的我

在天水,看天上的水返回黄河

醉倒于秦州，虫一样屈身。那么白的凉意

黎明与我

只剩一张皮囊之隔

此刻只能让秋风继续吹

让浩荡柳叶奔向柳家河

我的时间边疆

在秦州。麦子和沉默一起堆成麦积山

甘泉水，一口足够

稀释你的苦海，擦亮我的苦胆

2016年·秋

2016年国庆节，从成都自驾9个多小时终于到达如今改名天水的秦州。从麦积山眺望整个城市，仿佛只有出塞的云，才是我追踪杜甫路想要的古意。

为你朗读

朗读者：蒋山

民谣歌手

在东柯谷

乾元二年・759年・秋

辞掉华州司功参军职务的杜甫,为生计所驱使翻过陇山,来到边远的秦州(今甘肃省天水市),移居东柯谷(天水市麦积区八槐村柳家河),遇见一个被丈夫遗弃饱受战乱之苦的隐居女子,作《佳人》:"合昏尚知时,鸳鸯不独宿。但见新人笑,那闻旧人哭。"

望穿秋水

还是水。依靠山泉水识别这里的女人

面容的真假、肤色的黑白,与月光的贞洁

我变得羞愧

尽管没有上过战场,双手依然沾满鲜血

比如杀鸡的血,杀鸭的血,杀鱼的血

小时候补衣服不小心刺破自己手指记忆的血

我放弃故乡锄头上的贫穷在城市里呕心沥血

用文字和文字打拼出血的血

哪一种血都有一个账本,无法忘本

在东柯谷,被马蹄声反复蹂躏过的泥土

已经彻底失去生育能力

巨石横空,每一个微小的生命都苍凉如水

舌尖上遇风而凉的水

让我想起脊背背叛过的女人

因为一次次啼哭,汹涌而出的秋水

又会有哪一个女人的欢笑,能止住

她们望穿秋水的疼痛

我从天水望穿的秋水,在今夜泛滥成灾

2016年·秋

我跟着杜甫的《佳人》追寻到东柯谷。或许因为历代频繁的战争,这里没有想象中清幽。不过,这里的山泉水格外清香。很多朋友对我开玩笑说,天水自古出美女,不妨认真找一个。其实,我哪有资格去想这个问题。

为你朗读

朗读者:蒋山
民谣歌手

在秦州

乾元二年·759年·秋

杜甫流寓秦州时听闻李白被流放,不知已被赦还,仍在为李白忧虑,不时梦中想念,作《梦李白二首》,其二云:"出门搔白首,若负生平志。冠盖满京华,斯人独憔悴。"

梦杜甫

诗圣。这个美名,补偿不了759年的你
在秦州,被二月的春风扫落的冷落
与悲戚。如同拍卖行虚高的吆喝声
再也弥补不了梵高割下耳朵画自己
而生病的《自画像》

丙申之秋,时间止于天水
这个夜晚。我梦见你,和故乡告别
和所有通向长安的路告别
我们习惯和自己告别的告别
让马的缰绳在风中一刀两断

从洛阳到秦州,遍地生长着苦
没什么果腹,你就找苦吃
步入唐朝的边疆,脚下词语的尽头
就是穷山恶水。

从我的梦穿过你的梦。你梦的李白
和他放逐在天上的水、云,与风流
清晰可见。在秦州
梦的三次元空间里
我们都不是在做梦

因为我,你,李白
在这一刻都掏空了身体里的苦
看得见彼此
却只能相对
无言。

2016年・秋

我在天水游历了南郭寺。有意思的是,李白和杜甫都曾留下歌咏南郭寺的诗篇。靠近南郭寺附近的宾馆住下来,我竟然做了一个奇怪的梦,我、杜甫、李白在同一场景会面。我估计,可能是《盗梦空间》和《星际穿越》这两部电影,在我大脑里植入的奇怪想象力。

为你朗读

朗读者:张博Gari
中央电视台外语频道主持人

在秦州

乾元二年·759年·秋

杜甫流寓秦州时逢白露之夜,月光如水,念及杜颖、杜观、杜丰流离分散各地,作《月夜忆舍弟》:"戍鼓断人行,秋边一雁声。露从今夜白,月是故乡明。有弟皆分散,无家问死生。寄书长不达,况乃未休兵。"

想家书

我在宾馆里找纸,找到的纸便在秋风中
疼痛。继续找笔,找到的笔有些急切

从笔尖滴落的字,像天空漏下的雨
不知家的踪迹

于是追忆。驱赶那些扰人的雨水
把字泡胀的睡眠,让自己头胀

眼前浮现的家人变得模糊,更模糊的你
反而成为我这些年走得最亲最近的人

比如从天水回到秦州,只需读你的诗
读你用字重建的戍楼,边塞的锣鼓声

我就发现是雨一样密集的箭,射断了
你和家人,一封家书来往的路

在秦州,秋天的草逐渐枯黄。故乡也在枯黄
我枯黄的家书早被箭一样密集的手机声淹没

你眼里储存的春风,我手里持着的秋风
都打扫不完两个时代不同战争的意义

雨一直下,旧纸新纸——湿透
我想象中的你,应和家人的模样一样忧伤

2016年·秋

我在天水又翻出了《月夜忆舍弟》这首诗。尤其是在夜里,我特别怀念在读书时代给父母写信的日子。想起杜甫在古时的秦州那颠沛流离的日子,越来越觉得花了几年工夫研究杜甫,追踪他的遗踪,不仅仅是向杜甫致敬,也是向他走过的所有山水致敬,更是向手机时代一去不复返的家书致敬。

为你朗读

朗读者:郑一然
四川电视台主持人

在柳家河

乾元二年·759年

杜甫逃出长安,经艰苦跋涉来到了秦州东柯谷,在侄儿杜佐住所之旁结草庐以寄迹,种花木以埋踪。杜甫曾留诗《发秦州》:"我衰更懒拙,生事不自谋。无食问乐土,无衣思南州。"

乱阵脚

天水吞下秦州之后。水,就泛滥成八槐村
停顿在纸上的东柯谷成为你的背景
面前的柳家河被秋风扭得七零八落
炊烟也因此自乱阵脚

周围的白墙只剩空白,后人虚设的柴门
镂空。你的踪迹,被花木彻底掩埋
我脱口而出的苍凉,落下去
一定落在凌乱之上

在柳家河,茅屋再一次废弃自己
我的双脚被寂静冻得瑟瑟发抖,每走一步

时间漏出的缺口就越来越多

我的诗只是针,它缝补不完整那么多简陋

意外是这个村落没有一个人

遗传你的胎记。雨,砸向我的头顶

头破,只是轻微的疼

梦破,才是入骨的痛

2016年·秋

如今的东柯谷"杜甫草堂",位于天水市麦积区八槐村柳家河,因年久失修格外简陋,我没有想到的是这里竟然没有一个工作人员值守,茅屋前的"天水杜甫研究会杜甫文化产业发展研究中心"牌匾显得异常寂寞与冷清。这次天水之行,我还有一个目的就是考察东柯谷、柳家河这一带,会不会有人延续杜甫的血脉。在杜甫较长时间客居的东柯谷这个地方,我没有找到答案。至少我调查问过的20多个当地人,不是摇头,就是肯定回答"没有"这两个冰冷的字。此地的杜家人,到底跟杜甫有无坊间流传的血缘关系,已无充分证据可考究。

为你朗读

朗读者:迎波
中央人民广播电台主持人

在同谷

乾元二年·759年·十月

陇右早寒,杜甫一家在秦州(今甘肃天水)仍没有安居下来。衣食无着,又遭秦州病虐,就连邀请他们一家前来此地的侄子杜佐和好友赞公亦爱莫能助。在秦州仅一个月,杜甫安居的希望便破灭了。困窘之际,适逢同谷县(今甘肃成县)县令来信相邀,杜甫便决定带着家人继续南行。然而当杜甫一家历经赤谷、寒峡、铁堂峡、龙门镇等险要,又翻越了积草岭、泥功山,千辛万苦来到同谷县后,县令却因杜甫已辞去左拾遗之官且穷困潦倒而避之不见。杜甫留诗《凤凰台》:"亭亭凤凰台,北对西康州。西伯今寂寞,风声亦悠悠。"

雾未散

秋风跌落飞龙峡口,烂在青泥里,悠长

后来的杜公祠一直凹凸不平

在同谷,改姓换名的成县,隐匿你的落寞

无边的草沉默寡言,是因为天上的水

冰冻千里,吞噬了久远的事

你说的醴泉从卧虎崖跑来,含混着贫穷

流云一样面黄肌瘦

你说的凤凰囚禁在绝句里,不再立竹起舞

凤凰台，在我面前只是阳光遗弃的石头
否则在红墙游走，我不会总是被细雨缠身

我固执地集结东河、南河
这两条紧紧抱着古意的河
想让它们修复从你诗中不辞而别的同谷

可是现实的雨已经抹掉那个同谷县令
忐忑的脚印。你被势利硌得生疼的传说
如今没有一只鸟的后裔，鸣不平

我在回不去的同谷路上，躬身捡拾秋风
你来时的大雾，却至今未散

2016年·秋

我在剑门关去天水的路上，先去了一趟成县。成县，在唐代名为同谷。尽管如今的县城还比较落后，甚至不少餐馆饮食环境稍显脏乱差，当地人给杜甫修建的杜公祠，却格外清新、大气而干净。这座杜公祠，坐落于甘肃省陇南市成县青泥河畔，距离县城仅有3.5公里的飞龙峡口。此地依山傍水，树木葱郁，可谓避暑胜地。

为你朗读

朗读者：蒋山
民谣歌手

在栗亭

乾元二年·759年·十二月

暂住陇右同谷的杜甫见不到来信殷勤邀约的邑宰,一家人没有得到丝毫帮助,生活陷入绝境,决定从同谷入蜀投靠裴冕、高适,其间路过栗亭。同年十月,从秦州出发赴同谷途中,杜甫就对栗亭向往已久,作诗《发秦州》:"栗亭名更嘉,下有良田畴。充肠多薯蓣,崖蜜亦易求。"这一年是杜甫"一岁四行役"(《发同谷县》)之奔波之年。在乾元二年春,由洛阳回华州,秋又由华州来秦州,冬十月由秦州至同谷,十二月去同谷赴成都,故云。

听雨

战火已熄。有雨,泥土顺着雨

新生的水井、石碑、祠堂、村落和小学校

纷纷改名姓杜。

在栗亭,戏楼上

有人吟诵你的诗句。戏楼下

站满了不甘心的人。

从来贫穷只能繁衍贫穷

想起你一路走过的饥饿,这个村落

却在纸上

又肥又大。

还有不起眼的小鱼
游进瓷碗。我更加不敢小看这里
把悠闲烧开品茶的人

开车原本三五分钟就能穿过你的千古愁
我还是留宿一夜，因为和人谈起栗亭
干涸的笔用得着
木桌上那一滴滴饱满的雨。

2016年·秋

我在剑门关去成县（同谷）路上，先去了一趟栗亭，陇南市的徽县杜公祠。在杜甫从同谷赴成都的途中，这里因为是陇右最早修建的杜公祠，让我不得不去一探究竟。从杜公村，到杜公小学、杜公祠堂、杜公祠碑……满地，以杜甫的名义修建的建筑，会误以为这是杜甫的故乡。其实杜甫在徽县栗亭停留的时间并不长，或者一夜，或者数日，这个在唐朝从同谷赴成都的必经之地，让人想不到当地人如此敬杜重杜，重视杜甫的诗学。

为你朗读

朗读者：郑一然
四川电视台主持人

在少陵钓台

乾元二年·759年·十二月

杜甫从同谷路过栗亭,途经木皮岭,后留诗《木皮岭》:"首路栗亭西,尚想凤凰村。冬季携童稚,辛苦赴蜀门。南登木皮岭,艰险不易论。汗流被我体,祁寒为之喧。"《徽县志》记载:"杜甫钓台,元观峡内。唐乾元中,杜甫居同谷(栗亭当时为同谷一镇,故诸史皆从行政区划曰同谷),垂钓于此。逾河五里有杜公祠。"

双河口

走到洛河与伏镇河交汇处,我就靠近了
传说。留你脚印的巨石。
脚下的路突然紧张起来。

风急,两岸峭壁如马,像人打马而来。
当年在悬崖勒马的人,应是你
先与狭路相逢,
然后转身钓鱼。

在少陵钓台,垂钓你的愁肠
也垂钓我的惊疑

这块石头。至今保持着饥饿的姿势

蚕食寂寞。

雨后的河,伸手就能拔河。

花了一个下午时间,我却依旧

拔不光泛黄的水面

不断长出的鱼鳞。

万物皆馋。何况是鱼,看着山民们

把欢喜装进桶里。我也欢喜。

2016年·秋

我从徽县栗川镇杜公村南行五里,就到了后人修建的少陵钓台。此少陵钓台,位于古洛河与纵贯栗川全镇的伏镇河交汇的双河口,杜公村南山雌牛湾、木皮岭下的元观峡内。"宛在中央,少陵钓台"这八个字,刻在石崖上,成为远近闻名的景点。崖壁之下另有文物部门1990年设立的"杜甫钓鱼台"文物保护碑一块。早在北宋中期,木皮岭下的山寨坡就因杜甫《木皮岭》一诗,筑有杜公祠堂(木皮寨杜公草堂),后来毁于宋金战火。明清以来,杜公祠多次修葺,后从山寨坡移至山根村,即杜公村的杜公祠。虽然如今已看不到木皮岭下的杜公祠遗迹,此处风景依旧很有古意。两岸悬崖对峙,峡谷幽深狭窄,谷底水流湍急,时有涛声贯耳,让人流连忘返。

为你朗读

朗读者:贾小军
中央电视台节目解说员

在飞仙岭

乾元二年·759年·十二月

杜甫从凤州河池县（今陇南市徽县）青泥岭翻山越岭，入蜀途经兴州（今汉中市略阳县）飞仙阁，入蜀之路的困苦，让他留诗作《飞仙阁》："土门山行窄，微径缘秋毫。栈云阑干峻，梯石结构牢。万壑欹疏林，积阴带奔涛。寒日外澹泊，长风中怒号。歇鞍在地底，始觉所历高。往来杂坐卧，人马同疲劳。浮生有定分，饥饱岂可逃。叹息谓妻子，我何随汝曹。"

遇见

遇见飞鸟，遇见飞叶，甚至遇见破茧

而出的飞蛾。唯独没有遇见

从云雾中飞走的飞仙阁。

在飞仙岭，要不是还有白马

迎面飞过。我的语言

根本没法变成马鸣

与你知音。

蜜蜂的年纪，在这里

早已被季节碾老。

幽静，正被盘山公路们拆迁。

迁至秋天时,我刚爬上山岭。
身后却不时蜂拥而至
隆隆的车流。

整个山谷开始颤抖。像寺庙
猛然撞醒的钟声。
像心,飞出身体。

我遇见这样的风
震落的雨,小如糯米。
脚底凹陷的马蹄印,隐去了
我的大悲伤。

2016年·秋

我出川借宿的第一站就是略阳县城。开车从陕西省略阳县城往东19公里,就能到达地处略阳县接官亭镇臭草塘村的飞仙阁,这个杜甫诗意地。飞仙岭,在杜甫一生踪迹中虽不起眼,却也因"栈云阑干峻,梯石结构牢"这样的句子,让我格外向往。不仅杜甫,飞仙岭还有刘邦、曹操、诸葛亮、李白、唐玄宗等先后从此经过而盛名已久,堪称一首首古诗铺就的古道。行走在这个深山曲谷,原本也是一大美事,可是不时有汽车的鸣笛声传来,又扰乱了我向往的古意。据说,唐时蜀道经此,曾有阁道百余间,当我爬上山岭,飞仙阁等亭台楼阁却已荡然无存。遥想杜甫在此发出"叹息谓妻子,我何随汝曹"这样的愧疚,我只能感叹:往来悲欢心,此路计沉浮。

为你朗读

朗读者:白岩
中央电视台新闻主播

在青泥岭

乾元二年·759年·十二月

杜甫从秦州赴成都途中,有感于一路泥泞的艰险,作《泥功山》:"朝行青泥上,暮在青泥中。泥泞非一时,版筑劳人功。不畏道途永,乃将汩没同?白马为铁骊,小儿成老翁。哀猿透却坠,死鹿力所穷。寄语北来人,后来莫匆匆。"杜甫此诗提及的"青泥",是不是青泥岭?青泥岭是不是泥功山?此"青泥"是不是李白《蜀道难》"青泥何盘盘,百步九折萦岩峦"这一诗句中提到的"青泥"?

发呆

雨水泛滥,到处都是青泥,筑岭:青泥岭。

略阳、徽县、成县

纷纷争功为你正名

成县人说,不是所有的青泥岭都是泥功山

徽县人说,不是所有的青泥道都能走出青泥岭

略阳人说,不是所有的青泥河都流向了青泥岭

我从略阳青泥河虫一样爬过青泥岭,半天走不完

我从徽县5500米隧道开车穿过青泥岭,十分钟快感

我从成县北部的高山打望过青泥岭,发呆,一天成傻子

在青泥岭，我找到了三个，湿滑的比喻
却没有一个人帮我认领
你隐藏在青泥里的危险，与孤独

回到成都杜甫草堂，我去看铜塑的你
你用铜眼看我的表情，一直愤愤不平

2016年·秋

我先后考察了略阳县、徽县和成县三处流传的青泥岭。意外的是，这三处都是雨水相迎，青泥遍地。目前学术界争论不休，各有据典举证自己才是正宗的泥功山或青泥岭。因此，我还不敢下一个明确的结论。比如，《元丰九域志》载："兴州长举县（今汉中市略阳县）有青泥岭，乃入蜀之路。即今通路，悬崖万仞，上多云雨，行者屡逢泥淖，故名青泥。"略阳方面甚至有文说：青泥岭，也称泥功山，在略阳县西北白水江镇北，距县城65公里。不过，《元和郡县志》载泥功山："在甘肃徽县南，陕西略阳县西北，古为入蜀之要道。悬崖万仞，上多云雨，行者屡逢泥淖，故名。"徽县方面还有文说：青泥岭在甘肃省徽县境内。《甘肃通志》："泥功山县（按：即今成县，唐同谷县）境之名山也。唐贞元初，置行成州于此山，今存有泥功庙，石像天成。古怪殊甚。"

为你朗读

朗读者：赵宇昕
中央人民广播电台主持人

在剑门关

乾元二年·759年·十一月

杜甫从同谷（今甘肃成县）入蜀，途经剑州（今四川剑阁县），在剑门关联想到维护国家统一，作《剑门》："惟天有设险，剑门天下壮。连山抱西南，石角皆北向。两崖崇墉倚，刻画城郭状。一夫怒临关，百万未可傍。"

国画

你用诗歌画的国画。在剑门关，一张

瑟瑟发抖的宣纸上

躲避安史乱军的皇帝、妃子和逃兵

流落他乡的诗人，从烽烟中溃散的乌云

都在，喘气

每个人都是囚徒

无论在哪里行走，都逃不过秋风

在这个国家下的通缉令

被它吹破的不只是茅屋

还有宫殿、城池、良田，与成千上万的马匹

剑插在剑门关,就是剑门关

火插在剑门关,就是火门关

水插在剑门关,就是水门关

在剑门关,令行不止,什么门都关不住

包括国门、家门,以及神门、鬼门

每个人那扇忐忑的心门

2016年·秋

2016年国庆,我从成都奔袭天水路上,第一个休息地就是广元剑门关。一边品尝这里的豆腐宴,一边观山川艰险,遥想四川与陕西分别还是蜀国与秦国的时候,我有一种来到边境的开阔之感。在秋风中,追思杜甫的忧国忧民精神,此地应是最佳场地。

为你朗读

朗读者:李凌凌
成都广播电视台主持人

在青城山

乾元二年·759年·十二月

杜甫从同谷(今甘肃成县)历经长途跋涉赶赴成都,初到异地,感伤身遭离乱,背井离乡,漂泊无定,作《成都府》:"翳翳桑榆日,照我征衣裳。我行山川异,忽在天一方。但逢新人民,未卜见故乡。大江东流去,游子日月长。"

丈量悲喜

秋风,从来不遵守秩序,也不关心行人

在青城山,老君阁的悬岩

越来越像忍者

任它雕刻沧桑

来的人多了,鸟已知后退

这里的秋风依然顽固如我,快步

扩大脚印与脚印之间的距离

这座山看似不动声色,其实在地震那年

就悄悄改变了模样

每次登山,如果没有你的诗相伴

丛林深处,处处皆是刻板的石板路

有没有一条捷径可以绕过它的沧桑

抵达你当年登山的心情

只有一次,是我把一岁的女儿举过山顶

她丈量出了山的阴阳

我丈量出了人的悲喜

2015年·秋

又一次登顶杜甫在成都定居时期游历的丈人山(今青城山)。《丈人山》这首杜甫写青城山的诗,并没有从记忆里立即涌出来,反而是《成都府》提到的"我行山川异"给我强烈的冲击。每次去青城山登山,只有两个理由:一是这里幽静,可以洗肺,二是追踪你的足迹,可以静心。最开心的一次登山,是女儿一周岁那年,我在山顶把她举过头顶,她悬在空中离白云很近,那幸福的笑声至今挥之不去。

为你朗读

朗读者:裹远
影视演员

在浣花溪

乾元二年·759年·冬

杜甫刚到成都不久,寓居浣花溪附近的古寺里,接到正在蜀中任刺史的旧友高适赠诗《赠杜二拾遗》,便作诗酬答。《酬高使君相赠》:"古寺僧牢落,空房客寓居。故人分禄米,邻舍与园蔬。双树容听法,三车肯载书。草玄吾岂敢,赋或似相如。"《赠杜二拾遗》:"传道招提客,诗书自讨论。佛香时入院,僧饭屡过门。听法还应难,寻经剩欲翻。草《玄》今已毕,此后更何言?"

空房子

只有黑夜吞下岸边的喧嚣

莲花才会在浣花溪释放出

足够多的安静

在淤泥里打坐的僧人,身上还有袈裟

浮萍就会暗涌禅意

和莲花的芳香

秘密,不会永远是时间的绳索

打的死结

深埋两米的石碑后来被翻出来作证

这座古寺在千年以前

一场秋风中走散

石头泡在水里

遍体生疮。青苔、游鱼都不是

它的医生

在浣花溪,应该是寡语者,胸怀天下的人

在天空虚设的空房子

2015年·秋

在成都杜甫草堂博物馆,一大早来到还是空荡荡的茅屋,从此开始寻杜甫最早客居古寺的证据。从草堂花径,沿着红墙影壁,穿过大雅堂,出草堂南门,到浣花溪,在这条路上来来往往。最后经草堂杜甫研究专家带引到草堂唐代遗址,观摩出土文物:唐代僧人塔铭碑。据考古专家测定,此碑时间为武则天垂拱三年(公元687年)。"古寺僧牢落,空房客寓居。"杜甫这个诗句,提及他生活的寺庙,就在浣花溪一带。只是年代久远,草堂历代多有毁灭与重建,再难找到准确遗址。

为你朗读

朗读者:宁远
主持人、作家

在绵竹

上元元年·760年·春

杜甫在成都浣花溪畔营造草堂时以诗代函,于时任绵竹县令韦续处觅得绵竹一丛,植于草堂,作《从韦二明府续处觅绵竹》:"华轩蔼蔼他年到,绵竹亭亭出县高。江上舍前无此物,幸分苍翠拂波涛。"

梦睡穿

我一到绵竹,酒就统治了时间。江湖浓缩

为一片竹林,一个八方桌,另一个我

用酒杯把豪情举过头顶,把失落深掷脚下

两米以下的土层

明月,美人,热闹,统统远去。都没关系

只要你的诗歌和绵竹的竹

酿造的杜甫酒,能让美好安胃暖肠

竹叶们在秋风中的挣扎,便有了方向

哪怕我一个踉跄跌向

遥远的唐朝。瞌睡靠在枕头上,爱与恨

统一为一种色彩

我用一粒粒字喂养的报纸一夜衰老,也无妨

我和你跌跌撞撞的同一个梦,被我睡穿

在绵竹,醒来的茶是这个秋天

最好的药引。一口茶汤,足够

涤尽身体里堆积如山的焦虑

2015年·秋

相传杜甫从同谷(今甘肃成县)赶赴成都避乱途中,路经绵竹,就爱上了这里的竹,不过据张志烈主编的《杜诗全集今注》收录杜甫路过绵竹写的诗,仅有《鹿头山》,并未提及绵竹的竹。2015年秋,我来到这个隶属德阳的县级市,寻访老绵竹公园里印刻留存的杜甫诗歌遗迹。"宁可食无肉,不可居无竹",一直是唐宋许多诗人的生活追求。对于杜甫而言,他对竹子明显有更复杂的感情。可谓:爱时搅入怀,恶时斩万竿。在杜甫《将赴成都草堂途中有作,先寄严郑公五首》就有这样的诗句:"新松恨不高千尺,恶竹应须斩万竿。"

为你朗读

朗读者:宁远
主持人、作家

在唐代遗址

> 上元元年·760年·春
>
> 杜甫在成都营建草堂,向时任涪城县尉韦班求取松苗时,又向他索要大邑瓷碗,作《又于韦处乞大邑瓷碗》:"大邑烧瓷轻且坚,扣如哀玉锦城传。君家白碗胜霜雪,急送茅斋也可怜。"

烧痛的土

邛窑,还在大邑掩埋一段精致时光

瓷碗,早已从你的诗句里脱身而出

在草堂唐代遗址随秋风,游走

锦城的闲时,与雨的优雅

1200℃的火,无法虚构

富含石英和绢云母等矿物质的瓷土

如果触摸,它的温润

会从碗口紧缩,点燃那一片血红记忆

如果轻叩。像是白玉一样的女子

发出清脆的哭声,你深沉地哀求

一旁老皇城的砖卸下伪装的笑容

我也一脸惊愕

隐藏在皱纹里那些句子

承担了太多时局的变化。在溪边漫步

我更需要溪水先安静下来

给这些烧痛的土,退退烧

2015年·秋

我在草堂唐代遗址泡了整个下午的时间。就干了一件事情,打量眼前这个瓷碗。我不敢说,这个瓷碗就是杜甫当年从古邛州大邑县索要的瓷碗,但至少样式相同,考古印证时代相同。即使是杜甫草堂邻居的生活用碗,说明草堂附近的唐代成都人不是大户人家,也必然是官宦人家。

为你朗读

朗读者:官园源
成都广播电视台主持人

在茅屋

乾元二年 · 759年 · 年底

杜甫来到成都,在百花潭北、万里桥边,四处筹资营建一所草堂,经过两三个月时间,到上元元年(760年)春末,草堂落成,作《堂成》:"背郭堂成荫白茅,缘江路熟俯青郊。桤林碍日吟风叶,笼竹和烟滴露梢。暂止飞鸟将数子,频来语燕定新巢。旁人错比扬雄宅,懒惰无心作解嘲。"

字苍老

从茅开始,虚设美景。秋风替我打开

草堂茅屋含着西岭的窗

浸在纸上的字

一天天苍老,如我

阳光,从屋檐漏下

一些记忆的虫

又开始饱满。青华路尖锐的喇叭声

划过我的假寐

我从木椅上起身找水,水便腐烂

一路烂到故乡曲水的大元堡山

脚下。

整个村落所有的水井

只剩下井盖

还没有被偷盗时间的人掏空

按住鸟鸣。一地野花无法指认

桃树，松树，楠树

具体在某年某月某日逃离，或者走散

乡下的草，城里的房

越长越高，竟然全都无法遮挡

流浪汉无处遮身的羞与痛

2015年·秋

我又一次来到成都杜甫草堂的茅屋故居。一个古老的井盖，引起了我的注意力，从井盖望下去，却没有发现水。这个像极了我家乡的茅屋与水井，迅速把我拉回到童年记忆里。口渴，起身找水，身体奔向了茶楼，心却飞向两百公里之外的南充大元堡山。

为你朗读

朗读者：官园源
成都广播电视台主持人

在柴门

上元元年·760年

杜甫《野老》:"野老篱前江岸回,柴门不正逐江开。"上元元年(760),杜甫刚在成都西郊的草堂定居下来。经过长年颠沛流离之后,总算得到了一个憩息之处,然而国家残破、生民涂炭的现实,却时时在撞击他的心灵,使他无法宁静。此诗提及的柴门,原本是杜甫营造草堂时所造的院门,如今是杜甫草堂博物馆重建的一道人文景观。

学拐弯

在柴门倾斜30°的拐弯处,开始喜欢
这里的流水。飞鸟与游鱼
紧贴同一清澈的水面相亲。还有浮萍
温暖着它们

岸边,风吹不散的花,一路指引
这条通向茅屋的小路
陪着我学习在拐弯处
走向寂静。直到暗夜,也无一滴叛逆的水

冒出。不再担心夜色密集的黑,染不黑
父亲遗传给我的白发和白发新生的焦虑

我顺着流水

拐弯回家。父亲已经微醺,还在反复念叨

他在电线杆上安装的十千伏高压线

要拐个弯,通过变压器

才能进入千家万户。他命令我

把暴躁脾气压一压,然后拐弯,抵达平和

就像黄昏,烈日在水里挣扎,而水

也在水里挣扎

喝酒,他高度低度都不怕,就怕我遇事

直来直去,不会在拐弯处节制爱与恨

2015年·秋

我在草堂死死盯上了柴门。这个看上去很简陋的柴门,其实是草堂工作人员专门从外地找寻而来的复古风格木门。从柴门倾斜30°打望出去,就是一条贯通草堂南邻的小一号的浣花溪。我直来直去的性格,在这里的流水拐弯处,仿佛修正了莽撞,也仿佛没有变化。

为你朗读

朗读者:官园源
成都广播电视台主持人

在武侯祠

上元元年·760年

暮春,草堂落成之后,安身下来的杜甫前往武侯祠凭吊诸葛亮,作《蜀相》:"丞相祠堂何处寻,锦官城外柏森森。映阶碧草自春色,隔叶黄鹂空好音。三顾频烦天下计,两朝开济老臣心。出师未捷身先死,长使英雄泪满襟。"

智慧树

没有落英缤纷,也没有蜜蜂追逐喧嚣

这里的汉砖老沉,石阶木讷

时间,仍然把春色一梯一梯铺上

在武侯祠,阳光是碧草注释的古老的歌

树叶拥抱着树叶,自得悠然

突然跃上枝头的黄鹂,是多余的情种

它空有一腔美妙嗓子

却无力穿过红墙,亲密你隐藏的比喻

智慧如树

苍翠满目,是你在锦官城描绘的英雄泪

不是每一棵树都能在风中安静下来

这些守卫亡灵的柏树雌雄合体

放下野心，相依为命

唱三国人物的川剧，才在武侯祠戏台

甩水袖一样

甩走寂寞

2015年·春

我来到了成都武侯祠博物馆，重点考察了刘备墓周围的森森柏树。如今是明清建筑风格的武侯祠，一草一木或许跟唐朝时期的武侯祠大不相同，诸葛亮的祠堂却先于杜甫的草堂，安扎于此。只是杜甫生前也不可能知道，屹立在武侯祠博物馆大门内右侧的唐三绝碑（又名《蜀丞相诸葛武侯祠堂碑》），已是闻名天下的镇馆之宝。刘备墓前的寂静，和锦里古街的喧嚣，中间还连接着逐渐暗淡的武侯祠戏台，这三处风景对我而言，还是墓茔上面那些安静的柏树，最能打动我心。

为你朗读

朗读者：官园源
成都广播电视台主持人

在浣花溪

上元元年·760年·初夏

杜甫在成都草堂一带游览田园风光,作《田舍》:"田舍清江曲,柴门古道旁。草深迷市井,地僻懒衣裳。榉柳枝枝弱,枇杷树树香。鸬鹚西日照,晒翅满鱼梁。"

念经的草

浣花溪水,到底流向何方?
在草堂寺闭关修行的茅草,默念千年
这个大悲咒,顶天立地
成了佛。

反复敲打篆刻在柴门上面的简陋
衣裳逐渐褪色,像发黄的经书
某一天不诵读,春风也会慵懒

书读得太少了。枇杷闻不到枇杷的香
榉柳不识杨柳,更分不清天的脾气
是春是夏是秋还是冬

落日落在闹市。鸬鹚守候在江村的希望
落空
男女老少,所有的草
从此学会了用风的语言念经

在浣花溪,流云抱着飞鸟归隐丛林
我的眼睛,便在你的眼睛里
荒芜。

2015年·春

我在草堂浣花溪,陪友人游玩。本来是给游人讲解浣花溪的由来,可是春风没有吹拂到的岸边青草一动不动,像念经的僧人。在春日暖阳下有些犯困的我,突然来了精神。从不烧香,从不拜佛的我,有一种禅定的奇怪念头。

为你朗读

朗读者:官园源
成都广播电视台主持人

在江村

和流水下棋

上元元年・760年・夏

杜甫定居草堂后漫步江村，作《江村》："清江一曲抱村流，长夏江村事事幽。自去自来梁上燕，相亲相近水中鸥。老妻画纸为棋局，稚子敲针作钓钩。多病所需惟药物，微躯此外更何求？"

和流水下棋。首先像个孩子，放下
脑中的刀，眼里的针，内心的算盘
和脚下马蹄的痒。

然后再返回纸上。我才不是
风指挥的花，雨指挥的草
和别人目光指挥的棋。

在飘摇的人世，我必须向流水学习
面对危险的定力。以及流水
穿过的乱石，日夜应对孤独美学

圣人一样镇定。不担心阳光焚化时间
不担心从身体里流逝的水
将让多少无辜的蚯蚓挣扎

如同古寺的钟声
从深山搬进闹市。有些人急切站起来
改变下棋的姿势。我还是安静坐下来

和流水下棋。只要江村还有手指
捋出流水的胡须
落棋之处,必有鸟鸣与我知音

和你当初归隐状态一样。只是杜甫兄
我不再仰天长叹,也不讲究平平仄仄

2015年·秋

和几个朋友在草堂江村茶社喝茶聊天。这个江村茶社距离草堂南门不到100米。因为不需要门票,几乎天天都有人来此喝茶,下棋,或者谈事。这天在江村茶社下棋的人特别多,桌边围满了人,帮腔一度很大,我们忍不住上前凑热闹。看着一些人为了输赢脸红脖子粗,甚至争吵不停,索性又去了幽静的浣花溪。我因此冒出了一个奇怪的想法:我可不可以和流水下棋?

为你朗读

朗读者:赵亮
影视演员

在草堂

上元元年·760年·秋

战乱未平、亲人离散,杜甫在草堂自遣,感怀漂泊异乡衰老贫病,思恋分散各地的亲人,作《遣兴》:"干戈犹未定,弟妹各何之!拭泪沾襟血,梳头满面丝。地卑荒野大,天远暮江迟。衰疾那能久,应无见汝期。"

拔草

手机里又一次不得不删除

一个亲人。我说过要带他游一次草堂

给他当面朗读我写草堂向你致敬的诗

这个承诺在路上,走着走着就没了踪影

他的名字,从此不必写在信封之上

故乡其他亲人挨着他的坟,住满杂草

从童年到青年,我一直在拔草

快临近中年了,还是拔不完

亲人的血,从身体里每次流失一部分

我就察觉到生命的源头,越来越贫血
而亲人流失的这一部分,会让我更穷困
在草堂,拔草,自己拔光自己的夜晚
我擦拭蒙在眼角的尘灰
把那些熟悉的生活涂在手上,重新恢复
他在手机里原来的位置
真希望拨打过去的电话,有个回声——

"家里放养的大公鸡,
就等你,回来过年。"

2015年·夏

一个亲人去世的消息传来。赴家乡奔丧之后,我在傍晚又来到了成都杜甫草堂散心。想起逝去的亲人,以及一去不复返的杜甫,突然有一种悲伤从骨头渗出来,我知道曾经流进我血管里的血,又流失了一部分,我生命的源头会越来越贫血。

为你朗读

朗读者:陈菁菁
成都广播电视台主持人

在成都

上元二年·761年·春

杜甫在成都草堂居住时逢春雨,作咏雨诗《春夜喜雨》:"好雨知时节,当春乃发生。随风潜入夜,润物细无声。野径云俱黑,江船火独明。晓看红湿处,花重锦官城。"

新春夜喜雨

从一场喜欢下雨的雨开始

打破天空的虚空,漏出唐朝的蓝

我手持花香返回《春夜喜雨》

注解的成都。惊蛰,惊了天上人间路

从天而降姓喜名欢的雨

它们自带暖风,催开沉睡

在你诗句里一躺千年的锦官城

随风而去的时间,从你的韵脚

走散的鲜花

沿着语言的方向,一一返乡

锦江两岸，青草紧咬青草

身上的绿。新生的春风也绿了，成都

这座古意淋漓的城

今夜登上高楼。眼底每一条街

都在用雨集结，那个喜字

撒欢。

被梦挤破的梦，此刻在广厦千万间

和灯光一起点亮

一种惊讶，比如万里船只

从纸上浮现

2017年·春

我在惊蛰时节遇成都突降夜雨。恰逢成都诗词大会正在举行，特作《新春夜喜雨》凭吊杜甫。为了向诗圣杜甫致敬，在4月23日世界读书日这天，我策划了一场3000人在草堂同时朗诵《春夜喜雨》事件，由杜甫草堂博物馆馆长刘洪领诵。在成都，我们常常感慨太阳出来喜洋洋，就是因为成都多雨水。如果说这个3000人同诵《春夜喜雨》活动还留有遗憾，就是这天没有下雨。

为你朗读

朗读者：尔玛依娜
演员、歌手

在石笋街

上元二年·761年

杜甫出游益州（成都）城西门，遇见两根石柱（今成都石笋街），作《石笋行》。"君不见益州城西门，陌上石笋双高蹲。古来相传是海眼，苔藓蚀尽波涛痕。"

笋子胎记

下场暴雨，这条街就膨胀了

野心。路口的标识指向旁边的永陵

直通蜀王王建地宫，恍若一条王道

刻在石头上那条笋子胎记

因为曾经衍生杜甫的《石笋行》

百世流芳

石笋街，给这个城市留下的记忆

不只是街名

还有诡异的传说

比如石笋镇压的海眼,在风的传播下
泛滥成灾。每年夏天街上的雨就围着
一南一北两块石头,喋喋不休。

其实石头早已在龙门山脉
走失。成都人就爱泡在茶馆里
把你的诗句当作佳肴细嚼慢咽
打麻将,吹牛皮,口水地动山摇
埋头吃麻辣火锅,用二两老白干
把自己灌麻。冒充英雄好汉

那一高一低两块石笋
是为蜀王开明立碑,还是替蜀王王建传志
一滴水想洞穿石头,内心的秘密
我却不信石头能压住奔腾的水
即使天空漏洞百出,黑泥涌出
再多笋子,也填不满空虚的腹

石笋街以北,是五块石
石笋街以南,是支矶石
石笋街以东,是天涯石
东南西北这些石头,仿佛是时间
安置在成都心脏附近的骨头保安
确保大街小巷,水汹汹深不可测

2015年·夏

又是盛大的雨季,下个不停的雨,让我猛然想起杜甫的《石笋行》。此诗提到的石笋街,就在成都永陵博物馆附近。石笋,早在远古的成都就流传着传奇。《华阳国志·蜀志》就曾这样描述:"蜀有五丁力士,能移山,举万钧。每王薨,辄立大石,长三丈,重千钧,为墓志,今石笋是也。"

为你朗读

朗读者:陈菁菁
成都广播电视台主持人

在九眼桥

上元二年·761年·春

成都浣花溪发生春潮,水势如海,杜甫遇此奇景,感伤于老迈而不能佳构长篇,作《江上值水如海势聊短述》:"为人性僻耽佳句,语不惊人死不休。老去诗篇浑漫与,春来花鸟莫深愁。新添水槛供垂钓,故著浮槎替入舟。焉得思如陶谢手,令渠述作与同游。"

河憔悴

过去有性,失败的人比失败的树孤僻

如今有格,瘦弱的水比瘦弱的人孤僻

在唐朝,岷江的性格强悍

生育众多儿女,只要浣花溪一声令下

大船小舟一泻千里

江河鱼虾不论亲疏,一路辽阔

时间,欺骗了失败者

历史,却从来不会指责

成功者大胆改编的剧情

战马失踪以后。这里的水就开始溃败
败给那些难以消化的佳句。你的行吟
惊讶了后人,消瘦了自己

石头,也因此瘦了
九眼桥的九只眼睛
只能眼睁睁看着锦江,这条河
憔悴下去

2015年·夏

四川多地发生洪灾。成都城
内的河水也在连日大雨倾盆
之下,有些泛滥。我沿着河
道,从浣花溪,到百花潭,
再到九眼桥,感觉九眼桥的
桥洞都快溢满暴涨的水。这
样的情景,如今可能让人担
心会有灾情,其实在唐朝,
成都的河道要宽大得多。杜
甫写诗形容的"门泊东吴万
里船",虽然夸张了一下,
但是也应有无数渡船,毕竟
唐代的交通工具主要是船。

为你朗读

朗读者:陈菁菁
成都广播电视台主持人

在草堂

上元二年·761年·春

杜甫独步草堂一带深林,举杯独饮春夜美景,作《独酌》:"步履深林晚,开樽独酌迟。仰蜂粘落絮,行蚁上枯梨。薄劣渐真隐,幽偏得自怡。本无轩冕意,不是傲当时。"

喝酒记

在草堂丛林深处独酌

你从额头滑落的孤独,会多于我酒后

从皮肤的悬崖坠落的汗珠

酒,你可以说

是高粱、大米、糯米、小麦、玉米

在唇边提炼出的乡愁

我更愿意说,酒是我们骨质

里面滋生的情怀

喝下去,暖暖胃,宽宽心
无非也是一种表达,还原生活的逃避

如果非要在梨子落下之前,摘下酿酒
平息一场虫蚁的战争
不如先让梨花酿自己,再用上好的蜜蜂
酿成蜜酒,终结我们无处释放的苦

2015年·秋

我在草堂考察杜甫在这里的行踪,有一次独坐饮酒的经历。并非模仿杜甫写《独酌》之前的饮酒心态,而是没有提前约人,恰逢突然想喝点儿酒,打发晚饭时光。

为你朗读

朗读者:李伯清
散打评书艺术家

在草堂

上元二年·761年·四月

梓州刺史段子璋叛乱,赶走绵州东川节度使李奂,自称梁王,成都尹崔光远于五月率西川牙将花惊定攻克绵州,斩段子璋。花惊定一时恃功自傲,纵兵骚扰东川,并大摆家宴。杜甫赴宴,讽刺花卿(西川牙将花惊定)的伎乐之美歌舞之盛,觊觎天子之乐,作《赠花卿》:"锦城丝管日纷纷,半入江风半入云。此曲只应天上有,人间能得几回闻?"

云唱歌

离皇帝的目光实在太远。

鸟在丛林间唱歌,听不见
鱼在浣花溪唱歌,听不见
安静不下来的云在天空唱歌,听不见

手把笙簧的歌女羞涩接近
不懂音律的将军。将军还是听不见
她们的歌声

只应天上有。曾经有你的诗歌作证
锦官城的官只管锦衣玉食,此曲那曲
都不是城池觊觎的歌曲

离布衣的目光实在太近。

飞机划过
我的时代。一次次上天寻找
没有一首歌
停在白云之上

绕不开雾霾,天空也很委屈
飞鸟经常死于机翼

有一次在昆明降落。迷路的鸟
差一点
就让我和飞行员听到,死亡之歌

2015年·秋

我在成都杜甫草堂考察写生。在反复诵读《赠花卿》这首杜甫诗歌之后,联想到自己曾经在昆明赶飞机下降的经历。有飞鸟撞击了乘坐的飞机,于是体会到了一次剧烈摇晃的后怕,那是一次和死神擦肩而过的惊心动魄。和杜甫当年讽刺花惊定将军觊觎天子歌舞之乐有着不同程度的震惊。

为你朗读

朗读者:谢黎明
演员、歌手

在茅屋

上元二年·761年·秋

杜甫的草堂茅屋被秋风刮破,风停之后又下起了大雨,诗人一家因屋漏而彻夜无法安眠,作《茅屋为秋风所破歌》:"八月秋高风怒号,卷我屋上三重茅……安得广厦千万间,大庇天下寒士俱欢颜,风雨不动安如山?"此诗历千载而不朽,让成都草堂扬名天下。

秋风破

秋水在眉头泛滥。群树低头,歪斜的脖子
沙沙作响。大雁驾驶百万云朵和黄沙
从北方赶来,打破了浣花溪的凉意。

浣花散落溪边,芦苇荡漾人心
一匹匹白马在剑门关外八百里加急
呼啸而红。信札密封的挽歌贴满了驿站

故乡远离心脏。在水里打量时局的人
磨刀一样磨亮衣衫,草堂寺便开始大规模
删僧减侣。

最后只剩下半路出家的你
苦吟行囊，在一阵噼里啪啦的雨声中
破了戒，还了俗。

在茅前屋后佝偻身躯种药的人，是你
用诗句给病危的李唐每一座山每一条河
开的处方。

多事的蜜蜂坠入花的悬崖。墓碑上
溅起的泪花在呐喊：每一朵花都应留下
可以托付终身的名字和住址。

秋风越来越大，终究吹破了一颗
锁在茅屋的心。人去屋空，诗意咯血
仿佛万里河山被开膛破肚

2015年·秋

我在成都杜甫草堂博物馆茅屋故居，考察杜甫当年生活所用的茅草。突然，一阵强烈的秋风把茅草吹立了起来，正在杜甫诗句里走神的我惊醒过来。我的第三部诗集的名字，也被这股秋风刮了出来：秋风破。有意思的是，这次还偶然遇见给草堂茅屋换新茅的工匠师傅，有人问他茅屋为何会被秋风吹破，他冲口而出的回答是他的经验："那是篾条没有绑牢固！"

为你朗读

朗读者：李佳明
中央电视台主持人

在百花潭

宝应元年・762年・四月

玄宗、肃宗相继去世,代宗李豫继位,七月严武被召还朝拜京兆尹,封郑国公。严武离开成都时,杜甫以诗相送,作《奉送严公入朝十韵》:"空留玉帐术,愁杀锦城人。阁道通丹地,江潭隐白蘋。此生那老蜀,不死会归秦。公若登台辅,临危莫爱身。"

生病的鱼

一个下午,在百花潭,钓不起来一条鱼

这不是鱼的错

可以说方位不对,也可以说根本没鱼

当然我还可以说是这条江河生病了

认定了这是一种病

我抛向天空的石头,和掷入水中的石头

一样,都是病态行为

更加病得不轻的是,我居然

想从这里垂钓绝句,用不可靠的浮萍

追踪你隐身于此的叹息

在这个玩物丧志的世界
可以不关心乌云坠落,不关心雨点
砸中飞鸟的惊慌。我还是做不到
天黑之前不回家吃饭

这个下午,望穿的水,看破的天
不一定要从头皮逼出灵感,才可以写诗
或者写鱼,生病的鱼
吃掉的鱼

2015年·秋

在百花潭公园赏百花。这个因杜甫用诗句画地图一般提及的地名,距离成都杜甫草堂只有3.3公里。当年严武赴长安任京兆尹,杜甫一路相送,百花潭是必经之地。

为你朗读

朗读者:陈菁菁
成都广播电视台主持人

在太白祠

宝应元年·762年·七月

杜甫从成都送严武入朝至绵州(今四川绵阳市)时,正值剑南兵马使徐知道作乱,于是转梓州(今四川三台县),此时获知李白正在当涂养病,作《寄李十二白二十韵》,以此诗寄给李白:"昔年有狂客,号尔谪仙人。笔落惊风雨,诗成泣鬼神。"

风都是雨

祠上有牌,上扬的风,在落笔处

被竹木编织成鬼

丰富了面具下面,你和李白

扮演诗人身份之外生旦净末丑的表情

堂上有匾,滴落的雨,在诗行间

被石头供奉为神

銮驾抬了一千年,还是下山时的滑竿

眨眼间就滑落无数帝王将相

抬滑竿的人,不是诗仙,就是诗圣

哄抬之下,我也算酒量大的人

壮了多年的苦胆

却未见壮志近身

在太白祠，我能看见的风

都是雨。停在平和的石板之上

你的女人

满目透明的水，没有让你安静下来

在太白祠，我能看见的雨

还是雨。英雄与小人，雅士与俗人

最后都经不起蚂蚁的嘲笑

被雨打回原形

2015年·夏
2017年·初夏

太白祠，位于江油市青莲镇东南1公里，是后人为纪念唐代诗人李白修建的祠堂，如今是李白故里一大名胜。2015年夏、2017年初夏，因为杜甫《寄李十二白二十韵》这首诗，我两度来此游览太白祠，寻访杜甫是否在这里留下遗踪。只是，杜甫当年送严武入朝，是否经过江油市青莲镇，已无从考究。太白祠大门口一副雕刻"盛唐诗酒无双士，青莲文苑第一家"字样的楹联牌匾，倒是让我想起杜甫写李白的另两句诗："天子呼来不上船，自称臣是酒中仙。"

为你朗读

朗读者：张欣宇
四川知名主持人

在玄武观

宝应元年·762年

杜甫游玄武山乾昌寺观壁画，作《题玄武禅师屋壁》："何年顾虎头，满壁画沧州。赤日石林气，青天江海流。锡飞常近鹤，杯渡不惊鸥。似得庐山路，真从惠远游。"乾昌寺始建于唐乾元二年（759年），又名"玄武观"。后改名大雄寺，几度由佛、道两教分别管辖。如今位于中江县城东玄武山顶的玄武观，庄严肃穆，主体建筑为木石结构，由玉皇殿、三清殿、玄武殿三座大殿组合而成。

想春风

时间抵达玄武山，我手持的虔诚

很轻

这个轻字，还是惊飞一双埋头吃食的白鸽

心突然一空，没有任何点位

可以坐实一杯茶倒掉的唐朝时光

在玄武观，我只能用山石自设的玄机

和苍松迎风而动的武功，解释此观

很多人在这里一念成佛

很多人在这里低头有道

总是抬头看风向的我在这里辨认不出

谁的佛脚可抱,谁的道骨可靠

爬上手掌的蚂蚁又果断摔下去,重新上树

它应该比我更知道人心不稳

而树更接地气

再回头。茶几上散乱的纸牌和麻将

举手抬足之间,就轻松打破

屈指可数的古意

2017年·春

在三台回成都的成巴高速路上,猛然想起杜甫在樟州避乱期间曾游历玄武禅师屋壁,手握方向盘的我顺手拐弯,去了中江县的玄武观。我就想看看杜甫当年待过的这个寺庙,为何变成了道观。

为你朗读

朗读者:罗小刚
成都广播电视台主持人

在金华山

宝应元年·762年·冬

杜甫登金华山玉京观,吊已故右拾遗陈子昂年轻时读书台遗迹,感念其含冤殒命的不幸遭际,作《冬到金华山观,因得故拾遗陈公学堂遗迹》:"陈公读书堂,石柱仄青苔。悲风为我起,激烈伤雄才。"

回到
身体里的故乡

大雨奔跑了三百里,我的雨刮器还是没有

刮开蔚蓝。应是太多的来者

偷走了过去的阳光

在金华山古读书台,射洪的"射"字

从湿漉漉的石碑上射出

杜甫凭吊陈子昂那一声声悲鸣

这久违的吟诗声

每一个字每一个韵都是箭

一首诗结束,没有万箭也有百箭穿心而过

遍地鸟鸣都受不了，何况是我

被浩荡的雾气锁住的凡胎俗肉

于是久坐，和僧人诵经，陪香炉焚毁时间

直到夜色点亮万家灯火

我的心头尘，你的身上土，他的怆然泪

才一一抹掉

摇摇晃晃走下亭台

我的身影无限缩小

你的国，他的家

而天和地紧紧夹着两人

悠悠的回声。静悄悄

回到他们身体里的故乡

2016年·夏

《诗歌集结号》走进遂宁讲座活动，从成都出发至遂宁，一路大雨。我登上射洪县金华山，雨甚至越来越大。在雨中游走陈子昂读书台，考察杜甫在此留下的诗歌遗迹，从未有过的一番古意，在眼前扑面而来。"拾遗平昔居，大屋尚修椽。悠扬荒山日，惨淡故园烟……终古立忠义，感遇有遗篇。"杜甫写给陈子昂的另一首诗《陈拾遗故宅》，就刻字立碑于金华山上。

为你朗读

朗读者：叮当
中国曲艺家协会副主席

在梓州

广德元年·763年·春

杜甫在梓州（今四川三台）听闻，官军彻底消灭安史叛军，收复了河南河北，想到可以挈眷还乡，喜极而涕，作《闻官军收河南河北》："剑外忽传收蓟北，初闻涕泪满衣裳。却看妻子愁何在，漫卷诗书喜欲狂。白日放歌须纵酒，青春作伴好还乡。即从巴峡穿巫峡，便下襄阳向洛阳。"浦起龙在《读杜心解》中称赞它是杜甫"生平第一首快诗"。

押运眼泪

上船，返乡。涪江并不像你那样欢喜
总有一些巨石难住了
憔悴的雨。

押运眼泪，你坚持从打湿的衣裳出发
网里的鱼，上岸才知道
梓州刚绿。

城墙因为醉酒而歪歪斜斜
走出枝头的桃花，很快败下阵来

别怪深懂兵法的水，一会儿慢，一会儿急

同样能屈能伸的纸，也怕虫
钻进梓州那个夜晚
咬破你的睡眠。

2017年·春

三台当地人说，杜甫当年在
梓州的居住地，就在三台县
城内。当我驱车追到这里，
迎面却是失望。学校门卫以
及老师告诉我，他们的确听
说杜甫在这里居住过，但是
历代建筑多次推倒重来，如
今就是三台中学用地。走进
校园，也只能看到学校为了
纪念杜甫而修建的一片用镜
框制作的杜甫诗歌碑林。我
就从这里追到涪江边，恍若
一路憔悴的雨。

为你朗读

朗读者：周东
成都广播电视台主持人

在牛头山

广德元年·763年·春

因成都战乱而流寓梓州的杜甫,登牛头山,入牛头寺,作《上牛头寺》:"青山意不尽,衮衮上牛头。无复能拘碍,真成浪出游。花浓春寺静,竹细野池幽。何处莺啼切,移时独未休。"杜甫当年从西川节度使治所的成都流亡到东川节度使治所的梓州,还留下诗句:"世乱郁郁久为客,路难悠悠常傍人。"

春风辞

体弱的春风沿着石阶,一阶一阶

把鸟语送到牛头山顶

我发现整个梓州杜甫草堂,也在喘气

你诗句里那个"幽"字从我眉头跳出

就变成"忧"字。同样的声音

已不是当年遍地青草簇拥竹子

那种收放自如的力

寺庙失踪,没人瞩目的野池凌乱了

你的韵脚,你的遗踪

我怀疑自己跟错了人,走错了路

踢足球的人,跳广场舞的人,高谈阔论的人

把古意挤得片甲不留

生不逢时,我应是他们

格格不入的不速之客

在牛头山,悄悄退至画着你忧伤的墙边

我只能背对这样的春风,不辞而别

2017年·暮春

我专程去三台考察了杜甫在这里的遗踪。杜甫寓居梓州的草堂及后人修建的草堂寺、工部祠等早已不存。1987年,依杜甫多次登牛头山咏吟故事,在三台县城西郊梓州公园牛头山顶明代工部草堂遗址重建"梓州杜甫草堂",系殿堂与园林结合的仿古建筑群,为如今三台县城最大的旅游景点。这个不收门票的公园性质的杜甫遗迹,似乎也就不贩卖古意。

为你朗读

朗读者:张欣宇
四川知名主持人

在滕王阁

广德元年·763年·秋

流寓梓州（今四川三台县）的杜甫得知挚友房琯客死阆州（今四川阆中市），星夜兼程赶去吊唁并料理朋友后事。此时正值安史之乱后，唐王朝岌岌可危。家国不幸、朋友早逝，加之自己长期流离不定，种种不快使得诗人百感交集，忧心如焚。初到阆中，杜甫便写下《征夫》《警急》《王命》等诗歌。764年春，杜甫应王刺史之邀第二次到阆中，喜闻好友严武任剑南道西川节度使，朝廷军队收复多个失地，心中喜悦遍游玉台观、滕王亭子（今滕王阁）等阆中美景，写下著名的《阆水歌》："嘉陵江色何所似，石黛碧玉相因依。正怜日破浪花出，更复春从沙际归。巴童荡桨欹侧过，水鸡衔鱼来去飞。阆中胜事可肠断，阆州城南天下稀。"

送秋风

这一江阆水，至今保持着

你从梓州奔丧而来的湍急。时间和舟

顺流而下，没用什么力气荡桨

我就抵达了

你在房琯客死阆州那场哭。两行热泪

足够整个嘉陵江泛滥千秋

用诗歌哭丧的哭丧人

送秋风一程，落叶就在纷飞中归根

在我眼前衔鱼而过的水鸟还在

用轻舞飞扬的姿势注解

那一年。你举词语之斧,砍伐秋色
十根手指——放下逝去的亲人与友人
流亡者的归期,数不完
也送不完的秋风

在滕王阁,我也来送秋风,却无心
凭吊那个豪饮奢侈的滕王
如今的秋风遇水而凉,我因此爱上黄酒
配蟹黄,呼话梅,唤生姜
邀三五挚友分享。无非是想
捂热你的诗句,返回语言的故乡

2016年·秋

正是蟹黄时节,我又一次来到了阆中。和以往来此单纯游古城品美食的心态不同,这一次我带上了秋风,执意登上滕王阁,看嘉陵江水是怎样从杜甫诗句里流出来。

为你朗读

朗读者:崔志刚
中央电视台新闻主播

在阆州

广德二年 · 764年 · 春

严武重镇成都,数次写信召杜甫前往,故而杜甫从阆州(今四川阆中市)赶赴成都,途中以诗先寄严武致意,将仰仗严武重整草堂故园,作《赴成都草堂,途中有作,先寄严郑公五首》:"长苦沙崩损药栏,也从江槛落风湍。新松恨不高千尺,恶竹应须斩万竿。生理只凭黄阁老,衰颜欲付紫金丹。三年奔走空皮骨,信有人间行路难。"

呛死鸟鸣

在阆州,一想到茅屋温暖

而青松冷得不再伟岸

还未跟自己商量,就让绵竹先长出恶名

显然是潦倒,加重了你的病

草折断筋骨,屋檐下久坐的石磨盘

已病入膏肓

被遮蔽的寂寞未必就是寂寞

至少五棵桃树还在分担

寂寞。从未移步,败给繁华

你看蜘蛛织给自己的网,原本密密麻麻
被秋风一掏空
再遇到雨,便身败名裂

天,从来就空。疲于奔波的飞鸟
有时也会依恋于丛林
有时还要远远地躲避弹弓
有时一个饱嗝,会呛死鸟鸣

2015年·秋

从阆中返回成都路上,我尽量沿着水路前行。到达成都杜甫草堂,再次观看草堂的绵竹与松树,会有一种莫名的亲切感。

为你朗读

朗读者:张欣宇
四川知名主持人

在玉垒山

广德二年 · 764年 · 春

平定安史之乱的大唐接连遭遇吐蕃攻陷长安、代宗奔逃陕州、郭子仪收复京师、吐蕃又破松维保等州（在今四川北部）、再陷剑南西山诸州，倍感"万方多难"的杜甫在成都都江堰玉垒山登楼凭眺，有感而作《登楼》："花近高楼伤客心，万方多难此登临。锦江春色来天地，玉垒浮云变古今。北极朝廷终不改，西山寇盗莫相侵。可怜后主还祠庙，日暮聊为梁甫吟。"

春风扫

爱情落。我用一地桃花跟踪你的足迹

在玉垒山，头上三分之一的白发

比我更着急，亲近你额头

上面春风雕刻的皱纹

命运已经命令，我是你的肋骨上

长出的诗人。我就应当放大眼睛

看人间的冷暖，看落花的挣扎

怎样随岷江之水滚滚而来，又黯然失去

可是在你遗落的时间面前,我嘴里

吐出的焦虑与笑话

都是尘土。渺小,而短暂

如今,高楼还寒。世事难料

说谎者内心的陡峭

在你诗句里,越走越远

来得太迟了

与你相逢对酒吟诗,只能是桃花

满地的桃花正是我错过的春天

2016年·春

我登上都江堰玉垒山,除了一地落花,和杜甫留下的诗意,仿佛天地之间只有我一人,还在追踪他的遗迹。这些年,我固执地深扎在杜甫诗歌里,像是进入没有尽头的大海,我发现至今都没有想过在何时在何地上岸。

为你朗读

朗读者:崔志刚
中央电视台新闻主播

在红星路

广德二年·764年·六月

杜甫被新任成都尹兼剑南西川节度使严武保荐为节度使幕府参谋、检校工部员外郎,但到幕府不久就受到幕僚们的嫉妒、诽谤和排挤,作《宿府》:"清秋幕府井梧寒,独宿江城蜡炬残。永夜角声悲自语,中天月色好难看。"杜甫曾用"苦被微官缚,低头愧野人"来形容自己当官的牢笼生活。

一日三省

一省清晨。无墨,桂花烦躁。
花香关在玻璃窗外。我放下报纸
上面又老又丑的字。起身,按住
从脊背钻出的疼痛。

这些在雨水里无依无靠的字,苦涩
奔波多年,一直没人前来认亲。
印刷厂夜夜印刷异乡的麻木。我的麻木
是朋友们在红星路走散的电话。

二省午后。无风,锦江焦虑。
水不能用来泡茶。茶杯里漂浮着药。

我的不安是沾灰的茶杯釉面
被人强行栖息的鸟。

钻进别人的生活里
把自己套牢。我从股票市场放飞的鸟
越长越小。每走一步,碗里锅里
都是米汤逃离米汤的呼喊。

三省黄昏。无路,雾霾颠狂。
自己照镜子,都找不到自己。
雾里看花的花,霾里看树的树
更是无力借花献佛用树招风。

在红星路,埋头苦干的笔
也失踪了。大慈寺内,钟声遇墙而落。
如果能把这钟声捡起来,我想让它
在天上飞。自由一样飞

2015年·秋·一天

在红星路,一日三省自己所处的报业环境。还是24岁小伙子进入报社时,那时记者写稿靠稿纸和传真机。如今都是无纸化办公。从清晨的无墨,到午后的无风,再到黄昏的雾霾天,因为雾霾而过早天黑的成都,以及这些年报业下滑而纷纷离去的同行者,让我猛然想起了杜甫的诗《宿府》。这天正好轮休,我从报社下面的红星路赶到杜甫草堂工部祠,细观杜甫的雕像。严武当年担任成都尹兼剑南西川节度使的幕府,早已销声匿迹不可查找。草堂这个纪念杜甫成都时期做官的工部祠,成为我研究《宿府》及杜甫这一处踪迹的唯一路径。

为你朗读

朗读者:刘亚琼
四川电视台主持人

在西岭雪山

永泰元年·765年

杜甫回归草堂后,不久在附近江村一带出游,作《绝句四首》其三云:"两个黄鹂鸣翠柳,一行白鹭上青天。窗含西岭千秋雪,门泊东吴万里船。"

雪藏的诗

窗外,下雪了,窗栏含着古意。
醒来的河不再是河。醒来的山又长高了
两米。落在瓦上的寂静,没有风的呼啸
让寂静更加厚重。

雪,一直下,会变得可怕。
比如时间渐冻,沉默结冰。
甚至,会把我走过的路写过的诗做过的梦
全部深埋。

在西岭雪山,想起草堂深不可测的深井
和过去一年的深冷。我面向纸上一行白鹭

说出人话,它若回应,这样的沟通可以
相互取暖。

那些和雪白头偕老的人,已陪着雪走散。
把你走过的路再走一遍,用笔
翻出你
雪藏的诗,一定很新鲜,也很可爱。

2015年·冬

西岭雪山的雪一直下到成
都。开车回到成都,进入杜
甫草堂,雪还在不停地下。
相传,杜甫其实也有不少诗
歌因为历史原因没有流传下
来,除了"窗含西岭千秋雪",
我怀疑还有一些诗歌就埋在
雪地之下,只是还没有被人
挖掘出来而已。这两年,我
把杜甫从生到死的路重走一
遍,每到一地,都有惊喜,
像今天的雪下个不停。

为你朗读

朗读者:刘亚琼
四川电视台主持人

在锦江

永泰元年·765年·四月

严武去世,蜀中动乱在即,失去依靠的杜甫于同年五月离开成都,欲乘舟东游荆湘(湖北湖南一带),作《去蜀》:"五载客蜀郡,一年居梓州。如何关塞阻,转作潇湘游?世事已黄发,残生随白鸥。安危大臣在,何必泪长流。"

头顶泛滥的河

是府南河。又名锦江。远远望去

就像在我头顶

泛滥的河。

最初在下游游居。家如流云

多次搬迁

沿着九眼桥,逆行

到浣花溪上游,我还是一个无法安定的人。

越是靠近你的草堂茅屋旧宅,故乡

和水,都越来越瘦。

在锦江,源头之上,秋风不停吹我
雪并未落,白发处处诛心
夜夜盗汗。

酒在酒杯里喝醉的时候,太多了。
我在这条河里虚度的时光,更数不清。
在锦江,想起你当年从此远游
我的衣裳又少了一件。

2015年·秋

我曾有这样一个大胆的想法,沿着成都浣花溪,走水道,按照杜甫离开蜀地的足迹,去一次夔州(今重庆奉节)。可惜没有这么多时间,加上水路不便,直到2016年秋,我才利用休年假的时间促成此事。当我真正开始从这条河出发,远行追踪杜甫遗踪的时候,我突然发现自己在这个城市的多次搬家经历,都跟这条河有关。每次搬走的家在河岸很快消失,搬进去的家一次次又不再是家,让我对家的印象越来越瘦越来越小。这条河原本在唐朝非常宽阔,如今变小。我的家原本很大,如今变小,甚至有时觉得小得只剩我一个人。冥冥中,有相似的命运。但我内心还是渴望,它会很快变成一条泛滥的河。

为你朗读

朗读者:欧阳奋强
影视演员

在忠州

永泰元年·765年·秋

杜甫离开忠州（今重庆忠县）赴云安途中，孤舟漂泊在夜气笼罩的江边，作《旅夜书怀》："细草微风岸，危樯独夜舟。星垂平野阔，月涌大江流。名岂文章著，官应老病休。飘飘何所似？天地一沙鸥。"

一夜

小船，游子的呼吸，与月光一起靠近

江岸。长江安静得像一根长长的白线。

在忠州，不去惊动秋风，芦苇

自减一分飘零。不去想惊心动魄的战事

脸上生锈的女人，躺下的睡姿

反而铮亮一夜。

一夜，足够远行的白鹭放下鱼的惊讶

和浮萍的不安。

一夜，足够万物平衡，人心平和。

可是，当我把酒灌下胃肠，远方的浣花溪水
还在不断汹涌怀念。
满嘴酒气四溢，无边的草大醉
不归。如果这样能遇见同样偏偏倒倒的你
我想和你对酒，吟诗
倾吐不同时代的疼痛。

直到星光落尽化水，月光磨亮石头
然后再从不同时代回家。
让打捞一夜寂寞的小船，欢欢喜喜
从纸上出发。

2016年·秋

从重庆奉节回成都路上，把一个夜晚的时间停留在了忠县。这个长江之城，必须在长江边停下来，在小船上举举杯，吃吃鱼，吹吹风，似乎才对得起我追踪杜甫在《旅夜书怀》提及的踪迹。

为你朗读

朗读者：刘茜
湖南卫视主持人

在白帝城

庆幸你的名字
没被淹没

大历元年・766年・秋

杜甫弃官七载之后,仍然战乱频繁,国无宁日,人无定所。客居夔州(今重庆奉节)这年正逢秋风萧飒之时,触景生情而作《秋兴八首》,其二:"夔府孤城落日斜,每依北斗望京华。听猿实下三声泪,奉使虚随八月槎。"当地县志记载,纪念夔州杜甫的草堂始建于北宋,先后在瀼西、东屯、西阁、关庙沱、鱼复五个地方建有杜甫草堂。如今,这五处草堂都渺无踪影。相传,瀼西祠改为夔府府衙所在地,后毁于战火,关庙沱祠,在清乾隆年间因山体滑坡被毁,鱼复祠,在1941年的日机轰炸中被毁,东屯祠,20世纪50年代改建为草堂供销合作社,祠宇、塑像均荡然无存,仅留下一块残碑,西阁祠(又名杜甫西阁),因三峡库区蓄水被淹没,杜甫石像被移往白帝城山腰。

应是从你诗中穿透纸背,呼啸而来的猿啸

反复震裂我眼皮下的疲惫。

从长沙到奉节这条长达十二个小时的夜路

才一直没有睡去。

白帝城在凌晨六点,醒来。

不见猿,只有早起的人被尾随而来的秋风

吹醒。身后纷纷落下的时间

又在一阵急切的雨声中遁去。

那止不住的秋风,还在不停游走
四处翻找你曾经生活的证据。
早先滚滚的长江却不再翻滚,满地落叶
有形无声,成为哑语的星辰。

那一粒粒野心如今被鱼吃尽。
船靠岸之后,骨质里的豪情如雨歇。
在白帝城,我只能庆幸你的名字
还没被水淹没。

2016年·秋

初到奉节,是一场雨欢迎着我。辗转考察,快要消失殆尽的杜甫遗迹,让人平添几分惆怅。相传杜甫在夔州停留一年零十个月时间,创作的430多首诗篇占了现今遗留1400多首诗歌的近1/3。遥想历史上的夔州杜甫草堂,曾经一度和成都杜甫草堂并称"东西草堂",可是同一诗圣的两处草堂,现状却是一盛一衰。好在重庆方面已经开始推进"东草堂"的重建,但愿不久的将来,这里又是一块杜甫诗学爱好者的仰止圣地。

为你朗读

朗读者:谢黎明
演员、歌手

在草堂中学

大历元年·766年
杜甫流寓夔州（今重庆市奉节县）瞻拜武侯庙悼念诸葛亮，作《武侯庙》："遗庙丹青落，空山草木长。犹闻辞后主，不复卧南阳。"宋人张震《武侯祠堂记》云："唐夔州治白帝，武侯庙在西郊。"

幸存者

悬崖两岸的失踪者，不只是飞进书里的鸟。

还有众人遗弃的山。

唯一的幸存者，是这块残碑。它让我枯坐

在草堂中学

一个下午，还是成不了僧。

残碑上的裂纹并非秋风吹破。

一夜发情的长江水，让我明白许多

难懂的事。

比如武侯庙和东屯祠,都没有幸存下来
就是水怪作怪。

这里的草,如今也感染了你的忧郁。
因为暴雨洞穿不了你
隐藏在石碑里的悲怆。

开车穿过白帝城,我不再奇怪身后
还有你一路壮志未酬的表情
从画卷上脱落。

2016年·秋

我自驾来到奉节考察,发现有各种以"草堂"命名的机构,却没有一处像模像样的杜甫纪念馆或杜公祠,多少有些让人失望。如今,当地也仅在奉节县草堂中学见到一块残缺的石碑。这块由安徽巡抚冯煦于清光绪三十四年所撰石碑,题为"重建杜工部西草堂记",上面文字记载:"虽历朝历代几经战火,但祭祀杜甫香火绵绵不绝,诗圣家国忧思,千载之下仍激荡回响。"而在白帝城杜甫果园遗址,除了可以眺望的这块石碑,也就只有山腰挂满橘橙的果园遥想杜公当年的境遇了。

为你朗读

朗读者:任韵陶
成都广播电视台主持人

在夔州

大历元年·766年·冬夜

寓居夔州西阁的杜甫因其时蜀中有崔旰、郭英乂等互相残杀,百姓遭殃,野哭千家,作《阁夜》:"岁暮阴阳催短景,天涯霜雪霁寒宵。五更鼓角声悲壮,三峡星河影动摇。野哭千家闻战伐,夷歌数处起渔樵。卧龙跃马终黄土,人事音书漫寂寥。"

号角里的银河

我在黄叶上,写雨

雨就下了下来

我在水纹上,写诗

诗就流了出来

我在号角里,写银河

银河就涌了出来

在夔州,我写出号角里的银河

灌满星辰,流亡者

不规则的呼噜声

只有渔人脸上的鱼尾纹

还在风中摇摆，残荷

是拘泥于烂泥还是浅出于碎语

银河尽头是樵夫，他独步而来

在夔门的断崖上砍柴

砍山的沧桑，也砍树的寂寥

骨头里冻僵的灵魂

他砍不出来，我也写不出来

你还原成人的圣人面孔

2016年·秋

在奉节长江边，面对一江秋水，秋风遇水更凉，因三峡库区蓄水被淹没的西阁祠（又名杜甫西阁），至今没有以重建的方式"复活"。我有一种失去依靠的感觉，从脚底开始，无功而返。当我无意登上夔门，长江和天空都开阔起来。尤其是遇见砍柴的樵夫，他的执着，让我惊喜，也让我莫名的失落。

为你朗读

朗读者：任韵陶
成都广播电视台主持人

在杜甫果园遗址

大历二年·767年

杜甫在寓居夔州时患有严重肺病,重阳节登上白帝城外的高台,感时伤世和寄寓异乡的悲苦,作《登高》:"风急天高猿啸哀,渚清沙白鸟飞回。无边落木萧萧下,不尽长江滚滚来。万里悲秋常作客,百年多病独登台。艰难苦恨繁霜鬓,潦倒新停浊酒杯。"

摘橘的人

在杜甫果园遗址,还未来得及看清
秋风急切坠入山崖的表情
萧萧落叶已先于游鱼落入长江
苍茫之上

黄昏枝头唯一一只鸟,腾空而起
挪走了黑白通吃的云
它若飞回唐朝,我会误以为
是你幻化的鸟

背着石头过河的人,如今背着背篼
去果树上摘柑橘,养家糊口

他摇摇晃晃,刚摘一半,天黑一半

爽快打赏我三个,说吃了不会口渴

这情景多像你当年遍种果树

却让可怜邻人顺着季节

先摘下果子,填补腹中的饥荒

而你内心像个闹钟,一直叫个不停

他和你一样都是背着秋天行走的人

唯一的不同,是你肩上还扛着

沉重的家国情怀

他的白发,我时隔多日还能厘清

2016年·秋

从白帝城杜甫果园遗址游走,秋风中的瑟瑟落叶,帮助我返回杜甫勾勒的夔州诗意画图。在奉节县白帝镇中心卫生院西50米,坐落于半山腰的杜甫果园遗址,相传当年杜甫客居夔州,就在此处种植果树,不时救济刚搬来的邻居。遍山果树,如今延伸至江边,非常壮观。这类柑橘不仅是当地人的口中美味,也因盛名广销四方。

为你朗读

朗读者:任韵陶
成都广播电视台主持人

在洞庭湖

大历三年 · 768年 · 春

杜甫由夔州出峡,因兵乱漂流在江陵、公安等地。这年冬天,杜甫从公安到了岳阳,登岳阳楼后作《登岳阳楼》:"昔闻洞庭水,今上岳阳楼。吴楚东南坼,乾坤日夜浮。亲朋无一字,老病有孤舟。戎马关山北,凭轩涕泗流。"

纸上船只

万里船只泊满宣纸,毛笔还是没有

给你欲破浪的孤舟留有余地

在洞庭湖,登岳阳楼的人逐流而散

只有你在石阶处来回踱步

反复从水里打量时局

从栏杆扶着跌跌撞撞的秋风前行

真实的水比想象的水浑浊多了

遇到浪花,游人比游鱼跑得更快

在洞庭湖，我丈量出你的乡愁

远远高于八百里

因为跟踪你的足迹已达一万公里

我遇见过太多欢喜的水

也遇见过太多悲伤的水

如同很多船只，如今只能在纸上航行

2016年·春

我在岳阳楼静坐了一个下午，八百里洞庭湖尽入眼底。我想起你写的"门泊东吴万里船"如此浩大而壮观的场面，在洞庭湖路过的船只已经很少了，仿佛更多的船只只能在纸上浮现。

为你朗读

朗读者：任韵陶
成都广播电视台主持人

在杜甫江阁

大历三年 · 768年 · 秋

杜甫之友韦之晋调任潭州(今湖南长沙)刺史。因夔州(今重庆奉节)气候恶劣,杜甫这年启程出峡,辗转投奔于潭州,从769年起两度寄居江阁,后与李龟年偶遇于此,念念不忘他们曾经在岐王李范与玄宗宠臣崔涤邸宅的情景,作《江南逢李龟年》:"岐王宅里寻常见,崔九堂前几度闻。正是江南好风景,落花时节又逢君。"李龟年,杜甫少年时期的知音,唐代开元、天宝时期著名官廷乐师,擅吹筚篥,擅奏羯鼓,长于作曲,因受唐玄宗之宠而红极一时。安史之乱后,李龟年流落到江南,每遇良辰美景便演唱几曲王维诗歌《相思》《伊川歌》,常令听者泫然而泣。

耳里落花

今天从筚篥吹出来的孤单,已不是羯鼓

奏出来的当年明月

在杜甫江阁,风的呼啸溢满双耳

曾经相遇的浪花只有久别,没有重逢

我看见的石头都压着不安

和人一样。天空也在一天天衰老

灵魂在耳边回荡,精神的奢侈品

熟悉的哀乐,会先于陌生的尸体腐烂

在落花时节，落花落下落寞

随风奔向岳麓山的沮丧

死水寡淡。我还是喜欢奇形怪状的字

落下去，敲出声响

让流浪的鸟在泪水里有情可依

让欲死的鱼在挣扎中有流沙做伴

诗圣杜甫和乐圣李龟年

耳中，都有一个壮阔的湘江

耳里落花，同悲同喜。只是

知音，这个词语，濒临灭绝

2016年·秋

来到长沙考察杜甫和李龟年的晚年相逢地，意外发现，后人缅怀杜甫临江而建的杜甫江阁，就坐落在长沙西湖路旁。

为你朗读

朗读者：任韵陶
成都广播电视台主持人

在怀甫亭

大历四年·769年·春

杜甫出峡本拟北归,深感老病奔波,无力还朝与归乡,便由岳州(今湖南岳阳)前往衡州(今湖南衡阳)投靠老友韦之晋(时任衡州刺史),途中作《南征》:"春岸桃花水,云帆枫树林。偷生长避地,适远更沾襟。老病南征日,君恩北望心。百年歌自苦,未见有知音。"

知音

桃花在两岸各开各的花

相互叫不出对方的名字

一千年了,高兴就开花,悲伤也开花

凭着相同的气息遥相知音

在岳阳怀甫亭。风不断地吹,吹散了多少人

说出的豪言壮语

茅屋旺盛的柴火,古井涌现的梦想

都被石磨盘一一磨平

万物失踪。假象,都是飞鸟的隐身

悲吟的人，欢唱的人，都是一张废纸

后来才被证实

走出来的路，都还给了路

就像我的诗，先是在地上大胆分行

最后小心翼翼埋在地下

给更微小的生命宽宽心

比如给虫蚁，一个停顿的想象

2016年·春

我来到湖南省岳阳市的岳阳楼风景区，很快就在临江处发现了这座纪念杜甫的怀甫亭。两岸的桃花开得娇艳，我却在花丛中迷失了自己。

为你朗读

朗读者：王迅
影视演员

在平江

大历五年·770年·冬

杜甫带着一家老小从潭州（长沙）乘船往岳州（岳阳），途中作诗《风疾舟中伏枕书怀》："圣贤名古邈，羁旅病年侵。舟泊常依震，湖平早见参。"此诗写出不久，杜甫便在湘江上的舟中死去，享年59岁。他死后，家人无力安葬，把他的灵柩厝在岳阳市（岳州）平江县小田村。

无迹之舟

天下最苦的水莫过于杜甫

把一生的诗熬煎的药，倒进的湘江

药水，在我身体里渗透

每个地方都会长出一座杜甫墓

夯实苦心

拿着书本在湘江发呆，我明明知道

元稹、苏轼、黄庭坚、陆游

这些热爱你的人，早已死了

绝笔之下的孤舟，却又浮现在眼前

不用调八方之风

不用弹五弦之琴

不用击哀乐之鼓

行走在诗句里那些文字扶着你的灵柩

主动奔丧而来

队伍比长江还长,哭声比黄河还黄

无形的风,无迹的舟

仿佛都是天边浮云

运来的悲歌

它们把我带入无人之境

看那匹累死的驴

抱着不死的星辰,让春水重生

2016年·秋

在湖南,我去了岳阳平江和耒阳两处杜甫墓。到底杜甫死在何地,死后埋葬何地?这两个问题,学术界一直争论不休,没有定论。我更倾向于相信,杜甫死于湘江的岳阳一段,就近埋葬于岳阳市平江县小田村。

为你朗读

朗读者:任韵陶
成都广播电视台主持人

在平江

大历五年·770年

杜甫在湘江舟中与世长辞。当时家贫无力返乡归葬,暂葬湖南岳州昌江县(今岳阳市平江县)小田村,杜甫之子杜宗武留下守墓。43年后,唐宪宗元和八年(813年),杜嗣业遵其父嘱托,将杜甫灵柩归葬于先祖墓旁,即洛阳偃师城西首阳山。这座杜甫墓祠,是诗圣杜甫在湘江死后埋葬之地,坐落于岳阳市平江县小田村小学校旁,癸山丁向,花砖结顶,一室二耳,红石墓碑,唐墓形制。1883年(清光绪九年)重修,改用扇形麻石结顶,碑换青石,碑文为"唐左拾遗工部员外郎杜文贞公墓"。

守墓的人

在平江小田村小学校旁边

这座杜甫墓前,他点燃一支烟

让现在的时间烧掉

过去的时间。我总感觉有一种痛

从他手指上,传来

杜甫的骨头在这里

埋了四十三年,最后一口气血

留下的后人早已超过千人

守墓的人,过去姓杜,如今是李保光

被安排在此,他喜欢打量

墓碑前的地下水不断向上暗涌
看路过的阳光,和我这样虔诚的人
躬身问候杜公的话语
——被打湿

回到暗处。穿堂而过的秋风
钻进墓穴石缝深处,他说
更多的清朝石块压着稀缺的唐朝石块
透不过气,是盗唐诗的人偷走了
"杜文贞公祠",这五个字
有人从青砖上抠出
烧在新土之上,贩卖古意,却四不像

这些年越靠近生活,故乡越像是生者
追悼死者的一个符号
在平江,给杜甫守墓
他习惯了自己
是别人的远方

2016年·秋

我从岳阳楼驱车三个多小时来到这里,听说我来寻访杜甫踪迹,杜甫墓祠管理所支部书记李保光欣然担任讲解员,长达两个小时细致讲述千年杜甫墓从杜宗武于此开启杜甫后人守墓故事。我只是意外,守墓的人,不是杜甫一脉留下的两千多个后人中的某一个。

为你朗读

朗读者:谢黎明
演员、歌手

在邙山岭

祭杜甫

康熙十九年·1680年

唐杜少陵先生之墓,坐落于巩义市区西五公里康店镇康店村的邙山岭。据传,杜甫先死于湖南湘江,葬于岳阳市平江县小田村,后杜甫之孙杜嗣业从湖南运杜甫遗骨安葬于洛阳偃师首阳山,又于清朝迁坟于此。乾隆三十一年(1766年),巩县县令李天垛在巩县杜文公祠堂门口立有"唐工部杜甫故里"的碑楼,碑上刻有"生在巩县南瑶湾葬于康店岭"字样。据此可证,此墓为杜甫尸骨最后安葬地。墓前西侧立有石碑,刻有《巩县杜少陵先生墓碑记》,时间为康熙十九年(1680年)。

渺小的雨,也有骨骼。今天躬身

在巩义邙山岭杜甫墓前

每次抬手,我都触碰到骨与骨

撞击的痛。

秋风送至袖口,使劲挥手

还是挥之不去。在我身旁

还有烧痛的纸

在火与水的较量中渐渐瘫软,成灰

父亲站在山顶眺望

整个中原的苍凉,他说都不如我
那三个响头
磕痛的石板,来得实在

另一个父亲的灵魂长眠于此,召唤我
入唐诗,翻骨灰
我被你的骨灰染白的头发,也怕秋风
扫走一地翻滚的落寞

其实,这么多年从不指望玫瑰脱刺
为我开道。屹立在你墓碑周围的树
就是指引我在混沌的人世
前行的路

2016年·秋

我来到这里,正是细雨纷飞。我很意外这个不是清明的时节,还有人前来祭拜诗圣,并且在雨中给杜甫烧纸。从小就怕鬼的我,在这里异常胆大,围着墓园走了一圈又一圈,虽有阴森的感觉,但有一种力量指引我甚至爬上墓石,近距离打量墓碑上的文字,仿佛是来给亲人扫墓。我给杜甫鞠躬、磕头,细雨撞击着我的骨骼,有一种莫名的痛感。

为你朗读

朗读者:秦勇
歌手、前黑豹乐队主唱

| 后记

杜甫，其实是一个记者。

"锦水春风公占却，草堂人日我归来。"这是清代四川学政何绍基为杜甫草堂撰写的一副对联，至今挂在成都杜甫草堂博物馆工部祠。从2014年利用业余时间复出写诗之后，我也成为诗歌回暖浪潮下的归来者之一。

我用一年一部诗集的速度归来，有人认为来势汹汹，有人认为厚积薄发。但我自己知道，我首先是一个新闻媒体人，而所谓的诗歌和归来，不过是把一种文学爱好或者文学梦想碰巧点燃了，并且无限放大了。当然，我必须承认，诗歌弥补了长期的新闻工作偶尔带来的疲倦与虚空。

一个人有了虔诚之心，不论是新闻采写还是诗歌创作，都是可以做出成绩的。我归来写诗，从2015年亮相的《金沙物语》到2016年出炉的《草堂物语》，再到2017年即将出版的《武侯物语》和杜甫踪迹史诗歌传记《秋风破》，懂的人都懂我用文字布的局很大。在人生偌大的棋盘上，谁无输赢？我和诗歌对弈，无法和诗歌下跳棋，我只能老老实实像打捞新闻一样，一步一步雕塑一个接一个接地气的梦想城堡,试图让它们突出重围。换用著名诗人梁平的话说,就是深耕细作每一部有方向性的诗歌作品。

有了方向,浑身上下就有了莫名的神奇力量。比如,创作《金沙物语》《草堂物语》,每部诗集都要耗掉我接近一年的周末轮休时间,深入金沙遗址,深入杜甫草堂,寻找我的诗意。当评论界把我归类为"文物诗人"时,我事实上又开始从"物语写作"转向"魂语写作"。比如这本杜甫踪迹史诗歌传记《秋风破》,我甚至放弃了纯粹让身心休息的年假,和所有的小长假,选择自驾一万多公里路,自费8万多元,遍寻杜甫从生到死的81处重要遗迹。许多时候甚至是通宵开车,只为抵达自己设定、必须抵达的杜甫遗迹目的地考察,而我竟然感觉不到疲惫,这应是杜甫及其诗歌感召我的强大磁力。因此,我背上了"诗歌疯子"的名号。

其实,诗歌没疯,我也没疯。尽管不少人认为,这几年诗歌热得不正常,因为真正优秀的诗歌文本并不多见。归来写诗这几年,我固执地坚持行走写作,创作先能打动自己的作品,再寻求打动更多读者。似乎只有这样,毕竟天才太少。

从历时一年考察创作的《草堂物语》,到历时两年考察创作的《秋风破》,我总共用了超过四千行的新诗向诗圣杜甫致敬。不少朋友多次当面敲打追问我:杜甫诗歌早已有口皆碑,再去写草堂诗篇不怕湮没在杜甫光环之下?回答这个问题并不难。因为我从无野心超越杜甫,写《草堂物语》和杜甫踪迹史诗歌传记《秋风破》,我的想法就是如此单纯:用四千行诗向诗圣杜甫致敬。最多,我是杜甫诗学的传承者之一，或者是杜甫的诗歌战士。

那么，我为什么要用四千行诗向诗圣杜甫致敬？
这个问题太大。大到必须追溯自己写诗的初心。

其实，我是一个新闻记者，更是一个诗歌逃兵。
在正式从事新闻工作之前，我在大学时代，也算一个诗人，只是写作太杂，诗歌、散文、小说甚至教育评论都在写，以至于大学毕业在各类文学写作中都未成气候。以至于大学时代某一天，《星星》诗刊副主编李自国问我是否愿意接受扶持出版一部诗集，我的摇头是毫无信心，一方面担心诗歌质量不高，另一方面听说要自费出书，只好谢绝了他的好意。

还记得大三暑假，为了打工挣学费，我来到了《四川青年报》实习，意外跟杜甫和草堂产生莫名的缘分。每天骑着自行车穿梭于校园与报社之间，往返于采访对象繁忙的脸，深夜回到学生宿舍，累得像个木乃伊，我也常常迷茫：我究竟是做一个诗人，还是一个记者。当时，很多记者同行看到我在《青年作家》《四川文学》《星星》诗刊发表的诗歌，都笑我，竟然是一个诗人。在他们有限认识的诗人里，不是卧轨自杀的海子，就是自缢身亡的顾城，总之诗人就是他们心中狭隘的疯子、危险分子。那段时间，我承认自己写诗，也承认从事新闻工作一直都很疯狂，但一直不敢承认自己是诗人。直到1998年某一天去杜甫草堂跑一个新闻，面向杜甫雕像和因他的诗歌遗留下来的茅屋古迹，我对他说：你一生那么潦倒、落魄，我还是先做一个记者，如果真有缘分，再回来向您学习做个诗人。至少当时，记者可以满足我收入上的生存之需，可以放下很多奚落诗人的目光。

从此，放下了文学之笔，握紧了新闻之笔，我成了诗歌的逃兵。后来大学毕业，我放弃了去学校教书、去机关从政、去军区当宣传干事的机会，选择了《成都商报》，潜心做一个文化记者。每次采访认识更多的作家、诗人、画家、演员、导演、制片人，我都深感他们的生活和思想，一直源源不断滋润着我一度贫血的诗歌。十年文化记者漂泊生活，八年文化新闻管理者工作，我曾多次冒出写诗的想法。尤其是汶川大地震那年，许多陌生人逝去，许多亲人哀鸣，特别想。可我还是忍住了。

直到2012年，杜甫诞辰1300周年，那年网络上冒出热闹一时的"杜甫很忙"的新闻事件，我在联合杜甫草堂策划举办"杜甫很忙"系列杜甫诗意画展的同时，竟然莫名其妙开始系统研究杜甫诗歌。一些充满诗意的词语和句子，在脑海里暗涌，只是还没有勇气写出来。

从2014年开始，多个诗人以自杀的方式祭出其实很多很好的诗歌。为什么大众不能亲近他们孤独的心？我一边策划记者报道这些疼痛的新闻，一边悄悄举起了文学之笔。大量阅读国内外名家诗作后，我对自己说，就从杜甫诗传开始复笔。反复咀嚼杜甫的诗句，我又退缩了。诗圣杜甫光芒万丈，我等小子哪有资格写他？哪有勇气写他？一个偶然的机会，我痴迷于璀璨夺目的金沙遗址出土文物，一年一气呵成，写出了《金沙物语》。

2015年夏天，我正式以诗人的身份返回大学时代的梦想。长达四年博览群书、从纸上进入诗圣杜甫的生活之后，我早已把杜甫定位为一个唐朝的首席记者。这年夏天，我又回到了杜甫草堂，这个掐掉梦又点燃梦的地方。几乎每周都来看看杜甫雕像，茅屋，柴门，花径，大雅堂，工部祠，诗史堂，祭拜这些神灵一样的诗歌圣地。一开始，我想以文物的小切口进入，写一部《草堂物语》，和《金沙物语》一样，让草堂唐代遗址出土文物开口说话，说说杜甫在成都定居时期的唐朝踪迹史。反复研究杜甫在草堂生活的场景以及草堂唐代遗址出土这批唐代民居生活遗物之后，我先写出了第二部诗集《草堂物语》。而在创作过程中，我发现对杜甫及其诗歌的研究和传承还远远不够。于是，我再次返回《杜诗全集今注》，想从杜甫近1500首诗歌海洋里去追寻他的足迹。2015年秋天，我伫立在草堂茅屋故居长达半个小时，独吟《茅屋为秋风所破歌》，秋风吹乱了我的头发，却吹醒了我第三部诗集的名字：《秋风破》。从此，我反复阅读《杜诗全集今注》等20多种图书，并且决定给杜甫写一本当代诗传。从某种意义上讲，写我的杜甫，写我的草堂，就是写一个当代记者和唐朝记者的心灵对话和生活碰撞。

在《秋风破》这部杜甫诗传中，我选取了81首杜甫诗歌的意象，恰好也是我们不约而同去过的地方，用当代新诗与唐代古诗共鸣,构建一部长达2000多行的长组诗。这是一个当代记者和唐朝记者的对话,也是我用新的诗歌语言、意象给杜甫梳理的唐朝踪迹史。我为什么要给杜甫定位成一个记者?因为杜甫用许多诗作记录安史之乱引发的国破家亡、民生疾苦事件,让我坚信,他的诗歌就是历史的镜子,一面新闻的镜子。亚里士多德说,诗歌比历史更真实。而真实,被新闻人视为新闻的生命。如今很多唐史研究专家,会把杜甫诗歌当作研究重点,无疑也是想尽可能还原真实的历史。在唐朝,杜甫区别于其他诗人的最大不同点,正是因为他把更多的诗歌写作视角转向了社会现实,把笔尖深入民间疾苦。当然,白居易也是类似的记者型诗人,他的《琵琶行》流传至今不衰,正是他反映了唐朝民间生活,用诗歌记录了一截历史画面。但是,要说集大成者,无疑是杜甫,他堪称唐朝首席记者。尽管在那时,他还是李白的跟班,甚至为了生存还要写诗逢迎众多的官员,修建茅屋四处索钱求物,看上去潦倒落魄,但是元稹、苏轼、陆游、王安石、黄庭坚等文学大家后来都对杜甫诗歌推崇备至,甚至认为他的诗歌就是诗史,无人能及。从《兵车行》第一次开口替人民说话,用诗歌报道揭露唐玄宗发动对少数民族的侵略战争,述说被迫参军上战场的百姓疾苦,杜甫的诗歌国土就扩大了,也给唐代诗歌开辟了新的国土。之后的《丽人行》更是曝光了唐朝统治阶层尤其是杨贵妃姊妹荒淫奢侈的生活,以及点破安史之乱战争爆发的内因外因。如果用当代记者的思维方式看杜甫,它不仅擅长于挖掘独家新闻,更是深度报道记者高手。比如独家消息《春望》,比如长篇通讯报道

《自京赴奉先县咏怀五百字》《洗兵马》，比如他首创的系列报道"三吏"（《新安吏》《潼关吏》《石壕吏》）、"三别"（《新婚别》《垂老别》《无家别》），都成为"遂下千年之泪"（王嗣奭语）的新闻杰作。阿来说，杜甫的伟大在于，他一生随时都拿着笔写诗记录唐朝历史，生活就是他的诗，诗也是他的生活。直到客死湘江前夕，一身是病双耳已聋的杜甫还在不停地用诗歌的方式，给人民也给国家发出他目击访问的人物事件。

杜甫，其实就是一个记者。你们更习惯唤他诗圣，我更喜欢叫他记者。就是他扭断了宫廷的韵脚，扭断了故乡的炊烟，在战争途中，在逃难路上，在异乡漂泊，为苍生哭泣，为国家忧虑，为自己和亲朋好友的生死担心。在唐朝，也只有他是首席记者，因为他用无数诗歌记录了唐朝安史之乱前后数十年的珍贵历史，甚至是历史无法抵达和涵盖的历史。

在新闻行业有一种公认且悲叹的说法是：新闻，其实是件易碎品。换句话说，不是所有的新闻都能写进历史，被历史拥抱。因为很多新闻缺乏思想和情怀。如果唐朝有新闻媒体，那么杜甫早就改变了这个奇迹。他的很多诗歌不仅是阅读率、评论率、传播率三高的新闻，而且影响深远，至今是世界学者研究的珍贵史料。"安得广厦千万间，大庇天下寒士俱欢颜，风雨不动安如山！"在房奴遍地的今天，能有多少人会有他这种胸怀天下的气魄？自家茅屋被秋风吹破，最多只是一条日常琐碎新闻，但是因为杜甫心系天下寒士而感天动地,让《茅屋为秋风所破歌》新闻价值陡升为千古名篇,更让成都杜甫草堂一举名扬天下。你可以遗忘杜甫的生地和死地,但你无法忽略杜甫在成都生活的草堂。因为这是杜甫在秋风里挖掘的超级新闻眼。

后记行文至此,我相信很多读者也会有许多话要说,要么点赞,要么泼水。就像词语的尽头,到底是穷山恶水,还是新鲜的花与明亮的光,都可以有不同的解读。我在等待,你们可能会泼来的批评与冷水。

作为一个用新闻吃饭的记者,一个用诗歌温暖梦想的诗人,我想如此定位诗圣杜甫:一个唐朝首席记者。我想如此描写我的杜甫:沿着语言的方向返乡,用新诗追寻杜甫在唐朝的踪迹史,驾驭自己文字烙印的马,怀古抚今,奔驰梦想。我想如此命名杜甫诗传:《秋风破》。并希望这部怀揣古意的长诗集,在新诗百年之际,给回暖的当代新诗多一种新气象,也在文明来处创造一些新韵脚、新注解、新思考。

从事新闻工作多年,我以前创作出版的几部诗集可以说都远离我的工作。唯独这一次,《秋风破》不仅进入了我的生活与思想,更深层次进入了我的新闻工作,就像深入骨头里的秋风。

2016年5月1日初稿
2017年4月30日修订

附录

说"破":石破、入破、秋风破
——彭志强诗集《秋风破》杂俎

◎ 向以鲜

按照诗人彭志强自己的说法,诗集《秋风破》是一部关于杜甫踪迹史的诗歌传记:诗人放弃了年假和所有的小长假,自驾一万多公里长路,踏遍杜甫留下的几十处重要遗迹,许多时候通宵达旦开车狂奔,只为抵达杜甫曾经抵达过的地方——当二十一世纪的成都诗人彭志强,与八世纪同样热爱成都的诗人杜甫的足迹重叠之时,中间所间隔的十三个世纪,这漫长的时间空白竟然神奇地消失了——他们所重叠的不仅仅是踪迹或足印,还有汉语的理想,以及气息相通的灵魂。

《秋风破》是一部向杜甫致敬的诗稿、一部以新诗为诗圣别立的心传,也是一部关于辉煌、苦难和希望的交响诗:其规制开阖而跌宕,其结构变化而整饬,其匠心良苦而灵性,其气韵贯通而顿挫。诗集的名字虽然脱胎于杜甫名作《茅屋为秋风所破歌》,但这个"破"字于此却是别有深意。"破"字不见于甲金文,东汉许慎《说文》解释说:"破,石碎也,从石,皮声。"自然或人工的原因,均可能导致石头的破裂或破碎,诗人彭志强甚至觉得:一滴水都可能洞穿石头内心的秘密（《在石笋街：笋子胎记》）。许慎释"破"为形声字，但现代学者认为，此处表音的"皮"也兼有部分表意的作用，强调其撕裂或撕碎的本意——的确，石头破碎会发出声音，皮肉破裂也会发出声音，而且可能是更为惊心动魄的声音。这儿隐含着汉语的某种神秘属性，是别的任何语言都不具备的。

我说彭志强的《秋风破》是一部交响诗，绝非空穴来风。破与声音相关，而且，破本来就是一种壮丽的音乐和曲调。巧合的是，1255年前，也就是唐肃宗上元二年（761年），杜甫曾为成都尹崔光远部将花惊定写下一首著名的诗作《赠花卿》："锦城丝管日纷纷，半入江风半入云。此曲只应天上有，人间能得几回闻？"这首与音乐密切相关的七绝，被宋人郭茂倩收入《乐府诗集》杂曲歌辞之水调，标为"入破"。唐宋时代，入破是大曲音乐的一个专用术语。大曲又称法曲，是一种源自西域，带有浓厚胡风的大型歌舞曲目。王国维著有《宋大曲考》，指出大曲对宋词音乐产生过重大直接的影响，许多宋词词牌即摘自大曲词调，可考者近三十调，如《梁州令》出于大曲《凉州》，《伊州令》出于大曲《伊州》，《水调歌头》出于大曲《新水调》，《齐天乐》出于大曲《齐天乐》，《法曲献仙音》《法曲第二》《霓裳中序第一》出于法曲《霓裳羽衣舞》等。

大曲每套计有十余遍，分为散序、中序、破三大段。而所谓入破，就是归入破段之第一遍。白居易在《卧听法曲霓裳》中写到："朦胧闲梦初成后，宛转柔声入破时。"按照宋祁、欧阳修等在《新唐书》(五行志)中的解释:至其曲遍繁声,皆谓之"入破",破者,盖破碎云。结合杜甫诗中所描述的音乐感受,可以推测入破的曲调,当是节奏明快且声调高亢的乐曲。阿英《艺术家的故事》中描述说:繁声入破,如万弩之齐发,如急雨之骤至,若有千万手同击者。吴熊和《唐宋词通论》也认为:中序多慢拍,入破以后则节奏加快,转为快拍。由此,我们可以推知:大曲的演进是由慢到快,由抒情到激烈,由歌唱到舞蹈,气氛越来越紧张。宋辽时代广泛流传的《伊州曲》即如此:前五叠为歌,后五叠为入破。前五遍为慢歌,自第六遍才开始舞蹈。"入破"又名"彻",张先《减字木兰花》中就有"舞彻伊州,头上官花颤未休"的描述。破也好彻也罢,都在于强调其异峰突起、具强烈穿透性的艺术感染力。这一点对于诗人彭志强而言颇为重要,如果他没有破的力量,将永远无法抵达杜甫的门庭。

入破,就意味着进入音乐舞蹈的高潮,潮水总是来来又去去。上元二年(761年)春天,地处西南腹地的成都也开始涨潮了。浣花溪的春潮带雨,在杜甫眼里,那气势如同大海,杜甫为作《江上值水如海势聊短述》,潮水很快退去,诗人却为世间留下了"语不惊人死不休"的佳句。正如诗人彭志强《在九眼桥:河憔悴》中所说:"战马失踪以后。这里的水就开始溃败/败给那些难以消化的佳句。"

破与音乐之关系,我们还可以提及一个了不起的古代国王,那就是夏甲。《吕氏春秋》记载:夏王孔甲于东阳田猎,迷途中偶遇妇人生产，夏甲认为义子。这个孩子长大后，却因斧头伤足而致残。孔甲很伤心，为义子创作《破斧歌》。这首因爱和伤害而写作的诗歌，对于中国古代艺术尤其是诗歌和音乐而言，其意义甚为深远，被有人认为这是中国东方诗乐的初啼。刘勰在《文心雕龙》中讨论乐府时就曾指出：乐府者，声依永，律和声也。钧天九奏，既其上帝；葛天八阕，爰及皇时。自咸英以降，亦无得而论矣。至于涂山歌于候人，始为南音；有娀谣乎飞燕，始为北声，夏甲叹于东阳，东音以发；殷整思于西河，西音以兴；音声推移，亦不一概矣。

大曲入破的乐舞源头，来自遥远的西域，来自丝绸之路。微妙之处在于：《秋风破》开篇第四首《在鄘城：河扭弯腰》写的正是这样的异域场景——"同样走神的你，还有舞剑的公孙大娘／都在我虚设的场景里，一一闯入……／最后你相信了那曲《剑器浑脱》／有杀气，因为方圆十里的河都扭弯了腰"。杜甫的诗学启蒙者公孙大娘，可能就是中亚粟特艺人。唐代官廷教坊乐工的来源比较多源，有来自乐户者（如唐崔令钦《教坊记》所载任氏四女）；也有来于民间乐工者（如唐段安节《乐府杂录》所载张红红、韦青等）。此外就是胡人乐工，《教坊记》中载有一个以善翻"筋斗"入籍的裴承恩就是胡人。还有一个名叫颜大娘的，亦善歌舞，眼重、脸深，有异于众，颜大娘长于歌舞和化妆，显然也是胡人。公孙大娘和颜大娘，都是来自西域的女性表演艺术家。她们所表演的曲目及内容也是西域的，剑器浑脱更不例外。唐代的舞蹈以健舞和软舞两大类别为主,剑器舞属于典型的健舞类。晚唐诗人郑嵎于《津阳门诗》诗中为"公孙剑伎皆神奇"一句自注:"有公孙大娘舞剑,当时号为雄妙。"司空图的《剑器》诗也说:"楼下公孙昔擅场,空教女子爱军装。"于此可知,舞剑器时,表演的女子还要穿上军装,以增加其战场的气氛。

开元五年(717年),杜甫六岁时随家人寄居郾城(河南漯河),有幸目睹公孙大娘的剑器浑脱舞,次年,杜甫就写出了人生第一诗,后来杜甫卧病夔州回忆说:"七龄思即壮,开口咏凤凰。"五十年过后,杜甫在夔州别驾元持宅中,再次见到这种西域舞蹈,只是这次不是由公孙大娘所舞,而是由公孙弟子李十二娘来表演的。已是垂暮多病的杜甫,为作《观公孙大娘弟子舞剑器行》。一个衰老的诗人,在异乡见到一个也不再年轻的舞剑女子,从而怀想起另一个可能已然不存世间的剑舞名家,前后历时长达半个世纪,历史烟云多么动荡,个中况味又有几人知。清人王嗣奭于《杜臆》中批评说:此诗见剑器而伤往事,所谓抚事慷慨也。故咏李氏,却思公孙;全是为开元天宝五十年治乱兴衰而发。我曾在《唐诗弥撒曲》之《剑舞》中写道:"怎能没有你呢/即使是沉潜在瞿塘的杜甫/也为你的光芒失眠/一舞剑气动四方/哦,你的眼神那样悲凉/你的绛唇朱袖那样寂寞/慢慢地,这些也看不见了"。

的确,彭志强的《秋风破》具有强烈的听觉色彩,总让人想起同样来自西域的琵琶一类的急弦繁响。谈及唐代或杜甫,当然不可忽略唐代与西域之关系,彭志强在《在咸阳桥:纸上锄草》

一诗的注释中，也提及了那座有名的文化交流之桥：咸阳桥即西渭桥，故址在今陕西省咸阳市南，是汉唐时期由长安通往西域、巴蜀的交通要道。清代地理学者顾祖禹在《读史方舆纪要》中说：西渭桥本名便桥。汉武建元三年（前138年），作此以通茂陵之道。唐时亦曰咸阳桥。《元和志》：西渭桥在长安西四十里，东去故长安城二十里，跨渭水上。汉宣帝受单于朝，登渭桥。此西渭桥也。唐武德末，突厥寇泾州，进至渭水便桥之北。太宗出玄武门，径临渭水，呼颉利隔水与语，与盟于便桥之上。如此看来，一座桥，如同一个历史老人，阅尽人间变幻。

　　由破与音乐之关系入手，由此可以触及诗人以"秋风破"命名的内在律动。杜甫当年为何会以"歌"名篇——茅屋为秋风所破歌——可能并不仅仅是因为诗歌形式（歌行体）所致。我们知道，杜甫是很喜欢使用"破"字的，可说是一个以"破"闻名的大诗人，除上面提及的那首"破歌"之外，广为人知者还有"国破山河在，城春草木深""读书破万卷，下笔如有神"等等。此"破"与彼"破"同为动词，旨趣却不尽相同：在破坏、衰败与解析之间，似乎尚有难以言传之意蕴存焉——我们说汉语是世上所有语言中最为幽深的语言，于此当有所敏悟。

　　或许是受到了杜甫潜移默化的影响吧，有意无间，诗人彭志强在诗作中多次使用"破"字。在彭志强笔下，这破，有时是一双踏破的草鞋："老翁翻墙而过的咳嗽声／老妇洗涮锅碗瓢盆的叹息声／都不及一个人用草鞋磨破风的呼啸声"（《在石壕：磨刀的人》)。有时是虫儿咬破纸张的声音:"同样能屈能伸的纸,也怕虫/钻进梓州那个夜晚/咬破你的睡眠"(《在梓州:押运眼泪》)。但是,在所有的破中,国家的破才是最伤痛的破。至德二年(757年)春天,杜甫身陷混乱的长安城中,写下那首至为沉痛的《春望》之诗。宋人司马光在《温公续诗话》中说:"古人为诗,贵于意在言外,使人思而得之,故言之者无罪,闻之者足以戒也。近世诗人,唯杜子美最得诗人之体,如'国破山河在,城春草木深。感时花溅泪,恨别鸟惊心'。山河在,明无余物矣;草木深,明无人矣;花鸟,平时可娱之物,见之而泣,闻之而悲,则时可知矣。他皆类此,不可遍举。"诗人彭志强《在长安:咏叹调》中不无动容地写道:国家蛋打一样破裂。并由杜诗而引发的旷古家国之思,超越了一时一地一朝一代之限制,如同黑夜,要把自己磨成墨,那墨却发出幽光,照见看不见的深邃和空洞。

同样是在这一年(至德二年)的夏天,杜甫因思念家人而作《述怀》。彭志强为此写下《在凤翔:杯盏间》。在这首诗里,诗人三次写到"破":先写妻子所在地潼关之破,"潼关,破在风波里/妻儿揉皱在纸上,望不到尽头"。潼关有多破?在《在潼关:筑城的人》诗中,诗人想要"给破败的潼关补洞/人填补着人,山填补着山,逼近了云天";次写奔波麻鞋之破,"只为逃离秋风/一双麻鞋在信仰里磨破脚趾/圣人还在阔谈/诗人已经寡语";再写死亡沧桑之破:"在凤翔,半山鸟鸣被雨水撕破以后/山骨松动/河骨瘫软/人骨破碎/也就是一些人贪图的杯盏之间"。越来越破,越来越痛,越来越颓败。

但是,破也是一种勇气,一种绝处逢生的希望。所以诗人才会在《在凤翔:云逃窜》中这样写道:"我因此更向往你的故国/蹄声里粉身碎骨的草/噩梦中走投无路的人/在雨水里,是怎样打破绝境"。

不能忘记秋风之破。诗人写道:"每个人都是囚徒/无论在哪里行走,都逃不过秋风/在这个国家下的通缉令/被它吹破的不只是茅屋,和宣纸/还有宫殿、城池、良田,与成千上万的马匹"(《在剑门关:国画》)。我们都是秋风的囚徒,被秋风吹破的,还有时间的风烟。

想说"破",却难以说破。由破而起兴,诗人彭志强这组汪洋恣肆的《秋风破》,堪称一部献给诗圣杜甫的大曲,或者说是献给光辉内心的法曲:由八十一个章节、八十一声穿透古今的咏叹、八十一片梦幻的舞影踪迹构成,由石破到入破到秋风破,由慢到快,由隐到显,由过去到现在,由杜甫到诗人自己,由大唐到当下,由诗歌到内心回响,由黑暗到明亮,由欢乐到悲伤,由破碎到梦想……秋风破,并不仅仅是秋风的悲歌啊。

里尔克说:是时候了,把你的阴影落在日晷上,让秋风刮过田野。

彭志强则说:秋风越来越大,终究吹破了一颗锁在茅屋的心。

丁酉孟夏,于成都石语斋

(作者系著名诗人、四川大学教授、李白诗歌奖得主)

图书在版编目（CIP）数据

秋风破：杜甫踪迹史诗歌传记 / 彭志强著．北京：人民日报出版社，2017.7
ISBN 978-7-5115-4832-0

Ⅰ．①秋… Ⅱ．①彭… Ⅲ．①诗集－中国－当代
Ⅳ．① I227

中国版本图书馆 CIP 数据核字 (2017) 第 182335 号

书　　名：	秋风破：杜甫踪迹史诗歌传记
作　　者：	彭志强
出 版 人：	董　伟
责任编辑：	陈　红
装帧设计：	视觉共振设计工作室
出版发行：	人民日报出版社
社　　址：	北京金台西路 2 号
邮政编码：	100733
发行热线：	(010) 65369509　65369527　65369846　65363528
邮购热线：	(010) 65369530　65363527
编辑热线：	(010) 65369844
网　　址：	www.peopledailypress.com
经　　销：	新华书店
印　　刷：	北京中科印刷有限公司
开　　本：	880 mm×1230 mm　1/32
字　　数：	80 千
印　　张：	6.5
印　　数：	1-10,000
印　　次：	2017 年 10 月第 1 版　2017 年 10 月第 1 次印刷
书　　号：	SBN 978-7-5115-4832-0
定　　价：	48.00 元